蛍雪の学び舎・癒しの学び舎

― 変わりゆく定時制高校 ―

大橋松行 著

■はしがき

　2002年4月4日，滋賀県教育委員会は，「滋賀県公立高等学校入学者選抜制度改正大綱の改正について」を記者発表した。同大綱は，1993年6月に制定されたが，このたび，2001年3月の滋賀県立高等学校入学者選抜方法等改善協議会の報告を受けて，2003年度以降の入学者選抜制度を改善するために出されたのである。

　この改正大綱の内容は，次のようなものであった。①全日制と定時制の課程の検査期日を同日程とし，また，第1次選抜で入学許可予定者が募集定員に満たなかった場合には，全日制および定時制の課程とも，第2次選抜を行うこととする。②第1次選抜において，面接，作文，実技検査のいずれか一つをすべての学科（科）で実施できるようにする。また，第2次選抜では，面接および作文を実施することとする。③すべての学科（科）で傾斜配点をできるようにする。④総合的な学習の時間が平成14年度から中学校で実施されるので，個人調査報告書に関して，総合的な学習の時間について追加する。また，第2次選抜においては，面接および作文のほかに，原則として第1次選抜の学力検査結果を参考資料とする。⑤普通科の推薦入学は，教育活動に特色がある普通科で実施できるようにする。⑥定時制課程についても，推薦入学を実施できるようにする。⑦推薦入学では，面接，作文または実技検査のいずれか二つ以内を実施することとする。⑧通信制の課程については，検査期日は全日制および定時制の課程とは別の日程とし，第1次選抜で入学許可予定者が募集定員に満たなかったときは，第2次選抜を行うこととする。⑨志願登録制度は廃止し，出願後に，1回に限り，他の学校，学科（科）へ出願変更できる制度とする。⑩この改正を平成15年度入学者選抜から実施することとする。

　この中で，私が特に注目したのは，検査期日に関する項目である。現行

の大綱では,「全日制,定時制(単位制による定時制を含む。)および通信制の課程の検査期日は別日程とする。定時制(単位制による定時制を含む。)および通信制の課程にあっては,第1次選抜において募集定員に満たなかった場合,第2次選抜を行うことができる」となっているが,それが,抜本的に改善されたのである。検査期日の全定同一日程および第2次募集の全定実施については,私が20年以上も前に主張していたことである(詳細は第2章に記述)。当時,私は,この問題を,「教育の機会均等の保障および定時制に対する歪曲した認識や蔑視観を克服し,定時制本来のあり方を再認識し,高校教育における正しい位置づけを促すためにも是非ともやらなければならない課題」と位置づけていた。それが,やっと実施されることになったのである。その意味で,私としては非常に感慨深いものがある。

私は,1977年4月から1995年3月までの18年間,定時制高校の教師として生きてきた。もともと定時制高校は,通信制高校とともに,教育の機会均等の理念に立ち,勤労青少年に対し,学校教育法に基づく正規の後期中等教育を受ける機会を保障するため,1947年4月に発足した制度である。それから今日まで半世紀以上の歳月が流れ,それとともに,定時制高校も大きく姿を変えてきた。

当初,文部省当局によって,「新制中学校の卒業者及びこれと同等以上の者で全日制の課程へ進まない者は,すべてこれを定時制の課程に進学させることが望ましい」(文部省学校教育局「新制高等学校実施の手引」1947年12月)と奨励され,また,世論の大きな期待と支持とを担って発足した。例えば,1948年4月1日付の『朝日新聞』の社説には,次のように書かれている。「新制高校の特色の一つは,全日制,夜間制のそれとならんで設けられる定時制高校である。昼間働くもののための夜間高校ではなく,夜間にも進学できぬもののために,特別の時間,季節をえらんで授業を行うこの定時制高校は,農閑期を利用してその学びたいと思う学科の単位をえらんで修める便宜を与える点において,とくに地方農山漁村の青年

層に対する画期的な教育制度といえよう……働きつつ学ぶものに対する教育施設は，この定時制高校にまつこと大といわねばならぬ」（尾形利雄・長田三男『夜間中学・定時制高校の研究』校倉書房，1967年，p.172）。

このように，発足当初の定時制高校は，まさに勤労青少年のための教育機関であった。しかし，高校への進学率が高まるにつれ，次第に定時制高校は，主として全日制高校中退者や全日制高校受験失敗者を受け入れる教育機関へと変質していったのである。確かに，勤労生徒もいるにはいるが，もはや彼らは全くの少数派で，定時制高校発足当時の「理念」は，完全に空洞化してしまっている。今日では，前述の全日制高校中退者や全日制高校受験失敗者の他に，中学校時代に不登校であった者，障害を持った者，あるいは中学校卒業後の長いブランクを経て高校教育を目指している者など，実に生徒の層が多様化している。

第5章でも詳しく述べているが，滋賀県下においては，定時制教育は次のような変遷をたどっている。1948年度に昼間定時制6校，夜間定時制4校が設置され，家庭の事情などで全日制高校へ進学できない青少年に教育の門戸が開かれた。普通，農業，工業，商業，家庭の全課程が設置され，1952年度の入学定員は1,120人（全日制比24.1％）となった。しかし，昭和30年代に入ると，地域の要望等で，昼間定時制の多くの学校・学科が全日制へ転換していったのである。昭和40年代に入ると，技術革新によって装置工業が中心となり，稼動率をあげるため，職場で二交替制・三交替制が行われるようになるなど，勤労青少年を取り巻く就業状況が大きく変化した。そこで，定通教育の質的充実と勤労青少年の就学を容易にするため，独立校，特に昼間二部制高校の設置についての要望書が相次いで出された（1966年11月には，滋高研定通部会が「定通教育振興に関する陳情書」を提出。1967年6月には，定通振興会他が「定時制の独立校設置に関する請願書」を提出）。その結果，1968年に昼間二部制高校として大津中央高校，大津東工業高校（1975年1月1日に瀬田高校と改称）が設置されたのである。また，昭和40年代は，県内中学校卒業の就職者は逐年減少し，逆に，

県外中学卒業者の県内就職が増えてきたので、未就学者の就学率をあげる運動が活発に行われた。この運動はある程度の成果をあげたが、県外中学校卒業の就職者も、1969年をピークに減少に転じてしまった（ちなみに、県外中学卒業者の県内企業への就職者数は次のとおりである。1967年：1,496人、1969年：1,740人、1971年：1,414人、1973年：1,049人、1975年：589人）。そのため、滋賀県では、1970年度に定時制を対象に特別教育活動費補助、1971年度に教育機器配分事業などの振興策が実施されたのである（滋賀県高等学校長協会編集『高校教育三十年』1980年、pp.51-52）。今日、勤労青少年を対象とした定時制教育本来の姿は大きく変容してしまったが、定時制高校6校（県立5校、私立1校）が厳しい状況のもとにある定時制教育を担って日夜奮闘している。

　このように、滋賀県においても定時制教育は大きく変容してきたのであるが、私の18年間の経験から言えることは、今日の定時制高校は、生徒にとって一種の「癒しの場」としての意味を持っているということである。もちろん、彼らのすべてが、そのように認識しているわけではないが、とりわけ、中学校時代あるいは全日制高校で「不登校生」としてのレッテルを貼られて、定時制高校に入学してきた生徒にとってはそうである。少なくとも私が在職中は、彼らは、水を得た魚のように生き生きと定時制生活を送っていた。職場社会においても学校社会においても、場の雰囲気に適応して、精一杯自己を表現していた。また、全日制高校中退者の多くも、定時制高校に自らの居場所を見出し、彼らなりに学ぶ意味を見出し、学び合う仲間を見出し、学びの援助者を見出し、そして自分自身を見出すことができたがために、幾多の紆余曲折を経ながらも卒業証書を手にしていったのである。定時制高校に入学し、そして卒業していった生徒たちの多くにとって、定時制高校はまさに「学びの共同体（learning community）」（佐藤学『学びの身体技法』太郎次郎社、1997年、p.144）であったのである。また、誤解を恐れずに言えば、定時制高校は、主として経済的な理由で全日制高校進学を断念せざるを得なかった生徒に教育の機会を与える役

割を担った「蛍雪の学び舎」から，さまざまな理由で学校生活に適応し切れなかった生徒に安らぎと自己実現の機会を提供する役割を担う「癒しの学び舎」へと大きく変容したのである。

　さて，本書は，第1章を除いて，私がこれまでに発表してきた諸論稿をまとめたものである。そのほとんどは，1980年代当時の実態を，主として私の実体験に基づいて記したものであるため，現時点から見れば，いささかアナクロ的であるかもしれない。しかし，視点を変えれば，それは定時制高校の変容過程の一コマとして位置づけられるであろう。あえて収録した所以である。本書を構成する諸章の初出は，次のとおりである。なお，これらを本書に収録するに当たって，一部改題し，あるものは文体や註の形式を統一するなど必要な加筆・修正を行ったが，内容についての加筆・修正は，主旨や歴史性を損なわない範囲内にとどめた。

第1章　書き下ろし。

第2章　「定時制生徒の意識と行動－滋賀県における事例研究を中心に－」滋賀県定通教育研究会『滋賀県高等学校定時制通信制教育研究集録』（昭和58年度），1984年3月。

第3章　「定時制高校の教育診断」滋賀県高等学校社会科教育研究会『研究会誌』第32号，1988年5月。

第4章　「定時制生徒にみる『偏見』『差別』の意識構造」滋賀県定通教育研究会『滋賀県高等学校定時制通信制教育研究集録』（昭和59年度），1985年3月。

第5章　「学歴社会のなかでの定時制教育－その変容と展望－」滋賀県高等学校社会科教育研究会『研究会誌』第31号，1987年5月。付論：「後期中等教育の課題と展望－「平等の不平等」の是正を－」『月刊高校教育』1990年5月号。

補　章　「＜豊かな社会＞に生きる現代青年に思う」滋賀県立長浜商工高等学校定時制『学び舎No.19・蛍雪No.61』1984年3月。「『格好良く生きる』ということ」滋賀県立長浜商工高等学校定時制『学

び舎No.24・蛍雪No.66』1989年3月。「『自分の原則』を持つということについて」滋賀県立長浜商工高等学校定時制『学び舎No.28・蛍雪No.70』1993年3月。「『気くばり』について」滋賀県立長浜商工高等学校定時制『学び舎No.29・蛍雪No.71』1994年3月。「『縁』について」滋賀県立長浜商工高等学校定時制『学び舎No.31・蛍雪No.73』1996年3月。

　私は，定時制教育を離れて8年になるが，本書をまとめるに際して，18年間の定時制高校教師時代の思い出が走馬灯のように頭の中を駆け巡った。懐かしい顔が，次から次へと浮かんでは消えていった。新任のときに出会った生徒たちは，もう40歳を超えている。中には高校生の子どもを持つ者もいるであろう。また，苦楽を共にした教師の中には，既に鬼籍に入っている人もいる。今，振り返ってみれば，長いようで短い歴史の一コマであった。

　本書は，このような多くの人びとと体験を共有する中で書き上げてきたものをまとめている。彼らと体験を共有することがなかったならば，本書は成らなかった。定時制教育の中で出会ったすべての人びとに感謝したい。

　なお，本書の出版に際しては，サンライズ出版社長の岩根順子さん，ならびに専務の岩根治美さんには大変お世話になった。出版事情が厳しい状況の中で，再びこのような書物を，快くこの世に出していただけることに心から感謝し，厚くお礼を申し上げたい。

2002年12月

　　　　　　　　　　　　研究室から師走の風景を眺めながら
　　　　　　　　　　　　　　　　　　　　　　大　橋　松　行

目　　次

はしがき

第1章　定時制高校教師18年の軌跡 …………………………………… 10
第1節　新米教師としての1年 ………………………………………… 10
新米教師の誕生／教師と院生の二足の草鞋／教師は「権威者」である／「暴力教師」の授業風景／苦痛を和らげる授業の実践／クラブ活動で一緒に汗を流す／生徒は荒れているが校舎内はきれい／謹慎処置

第2節　N高校での教師生活 …………………………………………… 22
「地獄」から「極楽浄土」へ／N高校に赴任して初めてのクラス担任に／「荒くれ者」大挙してN高校へ／「地獄」と化したN高校／「荒くれ者」の問題行動

第3節　印象に残る生徒 ………………………………………………… 34
第4節　定時制高校の文化特性 ………………………………………… 38
高校全入時代の定時制高校／学校の成層性と負の文化特性／逸脱行動を逓減させるのに何が必要か

第2章　定時制生徒の意識と行動 ………………………………………… 46
第1節　学歴社会に見る「教育の荒廃」 ……………………………… 46
全国実態調査に見る「教育の荒廃」状況／学歴社会の中での高校教育

第2節　定時制高校・生徒を考える視点 ……………………………… 51
第3節　今日の教育現場の実態－混迷期の定時制教育 ……………… 55
課題の設定／授業活動における生徒の実態／授業以外の学校生活における生徒の実態

第4節　「脱」文化・反抗文化と序列優先の社会 …………………… 71
第5節　定時制教育の展望と課題 ……………………………………… 75
今日の定時制高校の存在意義／教師に望まれる父性原理の日本的適用

第3章　高校の序列化と定時制生徒の変容 ……………………… 85
　　　　　―「統一アンケート調査」の比較分析―

　第1節　定時制教育の昔と今 …………………………………… 85
　　　　　「はっさい先生」と夜間中学／「当節定時制高校事情」と現実

　第2節　定時制生徒の生活と意識の変容 ……………………… 89
　　　　　定時制進学のケース・動機・目的／教科学習について／教師の
　　　　　位置づけと憧憬像／生徒の関心事／仕事・勤労観／生活観と生
　　　　　き方／悩み

　第3節　定時制教育は何処へ …………………………………… 99

第4章　定時制生徒に見る「偏見」「差別」の意識構造 ……… 107
　第1節　現代社会の人間と文化 ………………………………… 107
　第2節　「同和教育統一アンケート」に見る定時制生徒の意識構造　111
　　　　　新入生の高校生活に対する「理想」と「現実」とのギャップ／
　　　　　差別・被差別の体験・経験／部落差別に対する認識と展望
　第3節　同和映画鑑賞の感想文に見る定時制生徒の意識構造 ……… 122
　　　　　「夜明けの旗」に関して／共同鑑賞映画「結婚」に関して
　第4節　「偏見」「差別」の文化と同和教育の中期的展望 …………… 130

第5章　学歴社会の中での定時制教育 ………………………… 141
　　　　　―その変容と展望―

　第1節　ある生徒との会話から ………………………………… 141
　第2節　定時制のイメージ ……………………………………… 143
　第3節　定時制教育の今日的位置づけ ………………………… 148
　第4節　定時制教育の中・長期的展望 ………………………… 156
　第5節　まとめにかえて ………………………………………… 165
　【付論】　後期中等教育の課題と展望 …………………………… 168
　　　　　―「平等の不平等」の是正を―

補　章　卒業生へのメッセージ ………………………………… 171
　1．「豊かな社会」に生きる現代青年に思う ………………… 171
　2．「格好良く生きる」ということについて ………………… 175

3．「自分の原則」を持つということについて ……………………………… 180
4．「気くばり」について ……………………………………………………… 184
5．「縁」について …………………………………………………………… 189

索引 …………………………………………………………………………… 194

第1章　定時制高校教師18年の軌跡

第1節　新米教師としての1年

1．新米教師の誕生

　私は，1995年4月に大学の教師になった。それまで都合18年間，定時制高校の教師をしていた。1977年4月，大学院修士課程に籍を置いたまま滋賀県立S高校（夜間定時制独立校，工業科）に新任の社会科教師として赴任した。そこで6年間勤務した後，1983年4月に滋賀県立N高校（夜間定時制併設校，商業科）に転勤し，1995年3月まで12年間勤務した。その間，私は，定時制高校教師の傍ら，ある期間は大学院生として，またある期間は全日制高校の兼務講師として，さらには大学の非常勤講師として，二足の草鞋，時には三足の草鞋をはいていたのである。もちろん，それは，県教育委員会の許可を得たうえでのことである。

　はじめて教師になった時のことは，今でもよく覚えている。4月1日に辞令の交付を受け，翌日に初出勤した。赴任先は夜間定時制高校なので，教職員の出勤は午後になる。出勤してまず校長室に赴き，学校長に赴任の挨拶をした。一通りの挨拶が終わると，学校長は私に次のようなことを言ったのである。「先生，ウチで3年勤まったら，どこの高校へ行っても大丈夫です」。このとき私は，生まれて初めてプロの教師から「先生」とよばれて，何がしかの感動を覚えた。しかし，最初，私には学校長の言ったこの言葉の意味が今ひとつよく理解できなかった。だが，その意味を理解するまでに多くの日数は要しなかった。

　学校長は，私ともう一人の新任教師を会議室へ案内した。新年度最初の職

員会議が始まるのである。会議の冒頭，学校長は私たちを教職員に紹介，それを受けて私たちの挨拶となった。私は，30人ほどの教職員を前にして新任教師としての抱負を語ったのだが，「教師の鏡になれるような教師を目指して頑張りたい」という言葉で挨拶を締めくくった。若気の至りとはいえ，この言説がいかに高慢であったことか，あとで思い知らされることになるのである。私の教師としての意気込みは，新学期に突入するや否や，木っ端微塵に砕け散ってしまったのである。

2．教師と院生の二足の草鞋

S高校は工業高校で，機械科と電気科の2つの科を持っている。両科とも定員は40人であるが，相当以前から定員割れを起こしていた。全学年を通して，機械科は「ヤンチャ」な生徒が多く，電気科の方はおとなしい生徒が多いというように，両科の生徒は対照的であった。機械科には全日制高校中退者が多く，電気科には中卒者を対象とした生徒と高卒以上を対象とした専修生とが同居していたことが，両科の特質の違いを醸し出す要因のひとつになっていたのではないかと思われる。専修生の中には，年配の人や企業の管理職の人がいたこともあって，比較的学級の秩序がよく保たれていた。

教員組織は，ベテランの教師が多くを占め，平均年齢は50代前半であった。養護教諭以外は全員男性で，年齢構成も非常にアンバランスであった。今でもそうであろうが，当時，新任以外は余程のことがない限り，自ら希望して定時制高校に赴任する教師はいなかった。教師の中には副業を持っている人が多く，そういう人たちにとっては，定時制高校はそれなりに魅力的な存在であった。

私は，大学院の修士課程1回生のときに採用試験を受けたので，試験に合格したときは大いに迷った。①大学院に残って学業に専念するか，②3年ぶりの採用試験（前年度および前々年度は，商業科の規模縮小に伴って商業科の教師を社会科の教師に免許切り換えを行っていたので，高校の社会科の採用試験は2年連続して実施されなかった）で，高い競争率（私は地理で受験したのだが，受験者は100人近くいた。合格者は，補欠合格を含めて4人で

あった）を突破したので，この際，思い切って高校教師として生きる道を選ぶか，③それとも，第三の道として，高校の教師をしながら大学院で学業を続けるか，この三つの選択肢のどれかを選ばなければならなかったのである。

　結果的には，第三の道を選択することになったのだが，これが私にとって苦労のはじまりとなった。この道を歩むためには，定時制高校の教師になる以外に途はない。全日制高校はフルタイム勤務なので，制度上，大学院に残ることはできないのである。当時の私にとって，定時制高校は全く未知の世界であった。正規の教員（＝教諭）として勤務することになれば，まずは本務校の実態を把握しなければならない。教育システム，教職員の実態，授業形態（教科活動，教科外活動），各学年・クラスの実態，そして何よりも生徒個々人の実態を把握しなければならないのである。

3．教師は「権威者」である

　とりわけ私が苦労したのは，生徒との距離のとり方であった。これが実に難しい。生徒に対する場合，「権威者」としての「教師」と独立した人格を持った「一人の人間」との境界線をどこに設けるか，その線引きが実に難しいのである。ベテランの教師ならともかく，教師としての経験が全くない私に，的確な判断などできようはずがない。私は，辞令によって教師としての社会的身分を獲得した瞬間から，学校という組織社会において，教育の「専門家」としての地位と役割を与えられただけでなく，生徒に対して「権威」と「権力」を行使できる人間になった。授業や部活を担当し，生徒を一定の基準によって評価し，学年進級や卒業認定を行い，校則に基づいて生徒を管理統制し，違反者には処分を行うなど，幅広い権限を行使できる存在になったのである。社会経験も乏しい20代前半の若造が，「辞令」という紙切れ一枚を手にした瞬間から「先生」とよばれて，学校組織の中で権威者あるいは権力者として「合法的」に振舞えるのであるから，「権威者として振舞ってよいのだ。否，権威者として振舞うことが，この世界では求められているのだ」と錯覚しても無理からぬことである。かくして私は，「教師は権威者であるべきだ」との認識に基づいて，勢い生徒に対して高圧的な態度で臨むこ

とになってしまったのである。

　私の場合は，新学期の最初の授業のときに，生徒に向かって次のようなことを言ったのである。「僕は，ハムラビ法典の信奉者だ。目には目を，歯には歯をでいく。やられたらやり返す。僕は，少林寺拳法２段なので，肋骨の一本や二本折れることを覚悟してかかるように」。随分と乱暴な言葉を口にしたものである。その後も随分長く，初めて授業を受けもつ学年・学級での最初の授業で，私はこの言葉を言い続けた。

　私は，学生時代に，高校の教師になるには，多少なりとも「腕力」を身につけておく必要があるのではないかという思いで，少林寺拳法を習い始めた。京央道院（道院長・野村元一，６段）の門をくぐったのである。特に，「底辺校」と言われる高校は，相当に荒れていたので，そういう高校に赴任しても大丈夫なように，身体を鍛えておこうとしたのである。「ヤンチャ」な生徒は，「力」に弱い。彼らは，「力」で自分の存在感を誇示しているからだ。ならば，こちらの「力」が，相手の「力」を上回っていれば，なめられることはない。実際に「腕力」を使わなくても，それを身につけているということを相手にアピールするだけで，大きな効果がある。彼らは，うかつに私に手を出せないのである。そのためには，最初の授業で，そのことを徹底的にアナウンスしておく必要がある。自分の身体は，自分自身で守らなければならないのであるから，こちらも防衛線を張っておく必要がある。特に，荒れた学年・学級においては，このことは，自己防衛の手段として必要不可欠のことである。最初から，教師と生徒は対立関係にあるとの前提で，私は対処していたのである。決して褒められたことではないが，しかしこれは，意外と「効果」があった。18年間，一度も生徒から殴られたことはなかったのである。

４．「暴力教師」の授業風景

　教師は，授業や部活の指導の他に，校務分掌といわれる「事務的」な仕事をしなければならない。私は，学習指導課（S高校には，他に教務課と生徒指導課があった）に配属されたこともあって，特に，授業には力を入れた

（つもりでいた）。当時，社会科を担当したのは，定年間際のベテラン教師と私の二人であった。私は，前任者の後を受けて，世界史と政治・経済を担当することになった。社会科は，1年：地理，2年：世界史，3年：倫理・社会，4年：政治・経済という配当になっていたので，私は，2年と4年を担当することになった。

　教科書は，前任者が使用していたものを使ったが，どこの教科書会社のものも，定時制の生徒には内容が難しすぎるし，授業時数も少ない（世界史3単位，政治・経済2単位）。1年間で消化しきれないことは，明白であった。そこで私は，授業内容を絞り込むことにした。彼らには，大学進学のための受験勉強は，全くといっていいほど必要がない。ならば，彼らにとって少しでも興味がありそうで，しかも，私で「教えられる」ものにしようということで，ヨーロッパの近・現代史を中心に授業をすることにした。

　教師1年目は，新任研修が義務づけられていたし，とにかく，教師として必要ないろいろなことを学ばなければならない。それだけでも時間の多くをとられてしまう。そのうえ，私の場合は，修士課程の2回生にも在籍していたので，修士論文を書かなければならない。あれやこれやで，教材研究に十分な時間をかけることができなかった。そこで私は，1時間の授業で「教える」内容の要点をノートに整理して，それを板書して説明する，という方法をとることにした（中には，教科書とチョークだけで授業をする教師もいたが，私の場合も，それと大差はなかった）。このような授業のし方では，早晩行き詰まるであろうことが容易に予測されたが，とにかくこのやり方でスタートしてみることにした。

　4年生は相当「大人」であったので，それほど大きなトラブルはなかった。しかし，2年生はそうはいかなかった。特に機械科は，全日制高校中退者や全日制高校受験失敗者が多くを占めていた。両者とも「挫折感」を抱いて本校に不本意入学してきたのであるが，前者は，それに加えて，教師不信や学校不信を強く抱いていた。彼らの多くは，「自分たちは，教師や学校にとって目障りなので，一方的に全日制高校を追放されたのだ」との思いを強く持

っていた。それが，彼らに，教師や学校を敵視することで自分たちの存在感をアピールする，という態度を頑なにとらせることになったのである。

　彼らを含めて，生徒の大半は，はじめから授業に意義を見出しているとはとても思えなかった。彼らが，学校教育に何がしかの意義を見出しているとすれば，それは，「高卒」の資格を取得することだけである。しかも，いかに楽をして卒業証書を手に入れるか，ということだけが，彼らにとっての関心事なのである。そのような生徒には，私の授業などに興味を持つはずがない。しかし，当時の私は，とにかく授業というものは，「教科書で教える」にしろ「教科書を教える」にしろ，学習指導要領に示されている内容を確実に消化させていくべきだ，という認識を持っていた。

　彼らの知的水準は，一般的に相当低い（中には，少数ではあるけれども，それなりに高い知的水準を持った生徒もいたが）ので，教科書にそった授業は，ほとんど成り立たない状態であった。生徒の大半は，身体を机に預けて寝ていたり，隣の生徒と私語をしたり，マンガを読んでいたり，教室を徘徊したりしていた。時には，私が板書していると，後ろからスリッパや運動靴が飛んでくることもあった。当時の私は，血の気が多かったので，怒り心頭に発して，「今投げたヤツ前へ出てこい！」と怒鳴ったり，また時には，毎時間私の授業のときには，身体を机に預けて寝ている生徒に業を煮やして，「バカヤロ！　起きろ！」と怒鳴って，その生徒の机を思いっさり蹴り上げたこともあった。その生徒は，私の高圧的な態度に腹を立て，私の胸倉をつかんだので，私も彼に負けるまいとして，相手の胸倉をつかんでにらみ合った。幸い，隣で授業をしていた教師が，この異変に気づいて，ただちに職員室へ通報してくれた。すぐに何人かの教師が駆けつけ，私とその生徒との間に割って入って，その場は「事無き」を得てすんだ（後で分かったことだが，その生徒の額には，大きな瘤ができていた，ということであった。でもその生徒は，そのことについては，私に何も言ってこなかった）。さらに，授業中に居眠りを決め込んでいる生徒が多いときには，出席簿や竹刀で思いっきり教卓や机をたたいたりしたこともあった。生徒からすれば，私は，

「暴力教師」と寸毫もたがわなかったのである。否，まさに「暴力教師」そのものであった。すぐに感情的になったり，いっぱしの「権威者」として振舞っていたからである。

しかし，当時の私は，自分の授業の稚拙さを棚に上げて，生徒に責任転嫁しているなどとは，全く思っていなかった。私は，授業こそ教師にとって「真剣勝負の場」であり，授業を行う教室は，その意味で「神聖な空間」である，と信じて疑うことはなかった。だから，自分が真剣に授業をしているのに（結果的には，一人相撲を取っていただけに過ぎないのだが），生徒に無視されたり，反発されたりすることが許せなかったのである（今にして思えば，独り善がりもよいところである）。

5．苦痛を和らげる授業の実践

生徒は，授業を「面白いもの」とか「実生活に役に立つもの」という認識を，全くといっていいほど持っていない。生徒の大半は，学校教育の無味乾燥さや息苦しさに嫌気をさしている。型にはまったカリキュラムにうんざりしている。彼らは，学校教育そのものに拒絶反応を示しているのである。しかし，彼らの多くが，「高卒」の資格だけは取っておきたい，という思いを持っていることが，唯一の救いだ。この気持ちさえあれば，工夫次第で，授業は何とか成立する。生徒に「面白い授業」をすることは至難の技なので，私にはとてもできないが，苦痛を少しでも和らげる授業をすることは可能だ。

そこで私は，全面的にプリント学習に切りかえることにし，教科書は，主として事実関係を確認するときに使用することにした。今でこそ，ワープロやパソコンで作成するが，当時は，そのような文明の利器は学校にもなかったので，手書きのプリントを作成して，それを使って授業することにしたのである。プリントには，その授業で「教える」内容を要約し，必要最低限マスターして欲しい事項だけ板書して，生徒に書き込ませていくのである。進度のことはあまり気にせずに，エピソードを随所に散りばめながら，それを生徒にとって身近な問題と関わらせて説明していく，という方法をとったのである。もうひとつ心がけたことは，知識を注入するだけという一方通行の

授業はしない，ということである。できるだけ多く発問して，生徒に考えさせ，とにかく，生徒の口から「自分の考え」を表出してもらう。そうするには，発問のし方に工夫を要するが，私は，できるだけ彼らにとって身近な事柄と関連させて発問することを心がけた。彼らの関心領域は，自分と関わりがある私的領域なのである。そのことを頭に入れたうえで，さらに，それらを公的領域の問題と関連させて理解させようとしたのである。

　一例として，19世紀初頭のイギリスにおける産業社会の実態について授業をした際の一コマを，ここに再現しておこう（20数年の歳月が経っているので，多少の思い違いがあるかもしれないが）。

　「当時のイギリスの最年少労働者は，何歳だったか知ってるか？」。この私の発問に対して，生徒からの反応はない。しばらく時間をおいて，私の方で選択肢を提示することにする。「次のうちのどれかだから，どれかひとつに手を挙げるんだぞ。いいか。15歳，……，1歳」。生徒は，次々と手を挙げていく（もちろん，全く関心を示さない生徒は，どれにも手を挙げない）。「正解は，2歳」。生徒の中から，「ウソー」という驚きの声が発せられる。「ウソなもんか。本当や。ちゃんとここの資料に書いてある」。そう言って，私は，その資料を生徒たちに配布して，そのことを確認させるのである。

　この発問を突破口にして，私は，次々と質問していく。「まだ赤ん坊に毛が生えたような2歳の子どもに，一体どんな仕事ができるのやろ。みんな想像してみ」。何人かの生徒は，一生懸命考えて，「そんなん，何にもでけへんや」，などと答えたりする。「僕もどんな仕事をしていたのか想像できんけども，でも，これは事実や」。そう言って，私は，次の質問に入る。「じゃー，当時，一般の大人の労働者は，1日に何時間働いていたのやろ」。この質問に対しても，生徒から答えは出てこない。私が，「15〜16時間ぐらいや」と言うと，「そんなんメチャクチャや。死んでまう」，と生徒の反応。「そうやなー。メチャクチャやなー。でも，当時のイギリスは産業革命期で，たくさん働きたい人がいたんや。労働者を保護する法律がなかったので，会社は，労働者を消耗品のように扱って，働かせるだけ働かせたのや。今やったら考

えられんことや。イギリスでは,その後,労働運動などが起って,労働者を保護する法律が次々に制定されて,事態は改善していくけどな」。そう説明して,続けて,「君らも昼間働いているけれども,何時間働いている？」と質問していく。「8時間や。でも残業もあるし,日曜日に仕事が入ることもある」と生徒が答える。「じゃー。何で1日8時間なんや？」と質問するが,生徒から答えは返ってこない。「日本では労働基準法という法律があって,それで,1日の労働時間は8時間と決められているのや」。そう言って,私は,さらに資料を生徒に配布して,「第32条2項に,『使用者は,1週間の各日については,労働者に,休憩時間を除き1日に8時間を超えて労働させてはならない』と書いてある」,と教えていくのである。「もし,1日に8時間以上働いたり,日曜日や祝祭日に出勤して働いたら,25％以上の割増賃金がもらえるんやぞ。君ら,そのこと知っとったか？」と言うと,生徒の大半は,「そんなん知らんかった」と答える。「このことは大事なことやから,ちゃんと覚えときや。知っとかんと損をするぞ」。

　このように私は,イギリスにおける資本制的蓄積の発展過程での人間疎外の問題を,生徒にとって身近な職場の実態（労働状況）と関連づけて説明することによって理解させる,という方法をとったのである。このような授業は,案外,生徒に受ける。生徒からすれば,自分たちにも直接関係する事柄に触れているからである。すべての授業が,このようにうまくいくわけではない。しかし,彼らの日常生活から遊離した内容の授業は,彼らにとってほとんど意味を持たないことは明白である。生徒は,自分たちの私的生活の方にずっと興味や関心を持っているのである。以後,私は,どの科目でも,彼らの日常生活と関連づけて授業をすることにした。そうすれば,授業を通しても,私と生徒との間にコミュニケーションが成立する。コミュニケーションが成立すれば,彼らの思いが私に伝わるし,また,私の思いも生徒に伝わる。少なくとも,私は,授業に関しては「権威者」として振舞わなくてもすむ。学習指導要領に基づいたカリキュラムを,課業という形で生徒に押しつけなくてすむのである。教師と生徒という制度上の関係は変わらないが,互

いに独立した「一人の人間」としての関係性も形成される。教師が,「権威者」の鎧を脱ぎ捨て,生徒と同じ高さの目線で接し,理解を示すことで,対立関係が逓減し,信頼関係が逓増する。それは,学校における教師と生徒との「関係の構造」が,何ほどか変化することを意味する。

6．クラブ活動で一緒に汗を流す

　これは,教科活動においてだけでなく,教科外活動についても同じことが言える。とりわけ,クラブ活動は,生徒一人ひとりの実態を把握するのに絶好の機会を与えてくれる。私は,新任の年は,卓球部の顧問をした。私は,生徒を指導できるほど上手ではないが,クラブ活動の時間は,生徒と一緒に汗を流すことを心がけた。その時は,できるだけ「顧問」としてではなく,卓球を楽しむ同じ仲間として接するようにしたのである。教師という鎧を捨てて,彼らの中に飛び込んでいって一緒に汗を流す。休憩時間に,彼らと世間話や職場での話,また,私自身の体験談を話すことによって,互いの距離が縮まっていく。授業中には見えなかった生徒一人ひとりの素顔が,徐々に見えてくるようになる。それは,やがて,生徒集団の理解にもつながっていく。彼らは,昼間は,職業人として企業等で働いている。疲れた身体で登校してくるのだから,授業に身が入らないことがあっても当然だ。彼らにとって,学校は,疲れを癒すところでもあるのだ。授業中の生徒の居眠りも,このように解釈できるようになると,居眠りしている生徒に,さほど腹が立たなくなったのである。

　クラブ活動だって同じことだ。一生懸命練習している生徒もいれば,その場にいるだけで,全く何もしない生徒もいる。最初のうちは,無理やり全員に参加させようとした。しかし,途中で考えを変えた。全参クラブなので,出席をとらなければならない。出席をとり終わった後は,できるだけ生徒の判断に委ねることにした。大会出場に向けて練習に打ち込む生徒もいれば,大会など意識せずに楽しみながらワイワイやっている生徒もいれば,床に座ってじっと見学している生徒もいる。クラブ活動に「参加」するという最低条件を満たせば,それがどんな形のものであってもよいのではないか。そう

いう気持ちでいると、肩の力がスッと抜けて、気が楽になる。気が楽になると、生徒との接触も何となくスムーズに行く。こちらが身構えていないのであるから、相手も気を許してくれるのである。こうしたことを積み重ねていくことによって、教師と生徒との距離は、確実に縮まっていく。これが、教師生活1年目で、私が体得した教師としての「心構え」であり、「とりあえずの現実的な処世術」であった。

7．生徒は荒れているが校舎内はきれい

S高校で6年間勤務したが、その他にもいろいろな体験をした。そのうちのいくつかを紹介しておこう。私が、赴任してまず驚いたのは、校舎の美しさだ。外観が美しいということではない。校舎内が、実にきれいなのだ。あまりにきれいなので、私は、土足禁止かと思って、上履きに履きかえようとした。しかし、来客用の下駄箱も生徒用の下駄箱もないのである。玄関でうろうろしていると、職員に土足のままでよいと言われて、そのまま入った。校舎内がなぜきれいなのか、すぐにわかった。1ヵ月に1度、教師も生徒も一緒になって、洗剤を使って廊下磨きをするのである。全員が雑巾を持って、四つんばいになって、1時間、廊下や壁を丹念に磨くのである。その時には、「ヤンチャ」な生徒も一緒に汗を流して、一生懸命磨いている（もちろん、サボる生徒は、徹底的にサボるけれども。でも、そのような生徒は、極少数であった）。その時には、教師も生徒も一体になっている。共同作業が、成立しているのである。この「行事」は、私が在勤中続けられた。現在でも行われているかどうかは、定かではないが。

生徒の問題行動については、6年間で実にさまざまなケースを体験した。赴任した当初に、あるベテランの教師から、「大橋さん、ここでは、殺人と放火以外は何が起っても不思議ではないで」と言われた。ということは、これまで殺人と放火以外はほとんどすべて起った、ということであり、S高校では腹を括ってかかれ、ということである。その言葉は、的中していた。喫煙、集団エスケープ、万引き、教師への暴言・威嚇・暴力、そのようなものは、まだ「可愛い」方であった。外部の生徒十数人が、大挙して殴り込みに

きたこともあった。夜に暴走行為を繰り返して,警察に逮捕された生徒もいた。女性を無理やり車に乗せて何日間も連れまわし,逮捕された生徒もいた。暴力団の準組員になっている生徒もいた（その生徒は,教師から注意を受けると,決まって「組事務所へ来い」と言っていたものである）。また,ある時には,暴力団組員が,学校に乗り込んでくることもあった。入学試験の時にも,受験生の一人が,「面を切った」と言って,ある受験生に暴力を振るったこともあった（当然,その生徒は,不合格になったが）。

8. 謹慎処置

　生徒が,次から次へと問題を起こすので,生徒指導課の教師は大変である。生徒が問題を起こすたびに,生徒指導課会議を開いて対応策を講ずるのである。処置規定は,あらゆるケースを想定して,事細かに文章化してある。それに基づいて,適宜処置をしていくのである。この会議が,平均して週に2回ないし3回開かれた年度もあった（その年度は,会議が年間70回前後開かれたことになる）。当時,いかに生徒の問題行動が多発していたか,この事でもって分かるであろう。ある生徒の処置が終わったかと思うと,すぐさま別の生徒の処置がはじまる。時には,何人かの生徒がダブって処置される,という有様であった。

　定時制では,特に,謹慎処置を受けた生徒の指導が大変であった。全日制ならば家庭謹慎を命ずることができる。しかし,定時制では,停学処分以外は,原則として学校謹慎なのである。彼らの大半は,昼間会社で働いているので,家庭謹慎など全く意味がないのである。無期謹慎（実質的には1ヵ月ぐらいなのだが）でさえも,一定期間は,学校謹慎に切り換えて指導する。謹慎期間は短い場合1～2日であるが,問題行動を繰り返すと,謹慎期間が累積されていく。また,問題行動の内容によっては,謹慎期間が相当長くなることもある。その間,必ず教師がついて,その生徒の指導をするのである。

　指導のし方はいろいろで,別室で反省文を書かせたり,説諭したり,勉強させたりすることもあるが,指導として最も効果的だったのは,便所掃除である。便所掃除といっても,生徒だけにさせて教師が監督する,というので

はない。教師も生徒と一緒になって，便所掃除をするのである。便所掃除をしながら，こちらから生徒に話しかけていく。最初は一方通行であっても，次第に生徒の心が和んできて，そのうち会話ができるようになってくる。会話ができるようになれば，生徒のそのときの心境がつかめる。心境がつかめれば，謹慎後のその生徒への対応のし方がわかる。指導する教師はしんどいが，効果は大きい。指導の場面といえども，時には，教師は，「権威者」としての鎧を捨てて，「一人の人間」として生徒に対することが必要であろう。生徒は，「権威者」に対しては，決して心を開かない。

　S高校で，私は随分と教えられ，鍛えられた。6年間，ホンネで生徒に対し，また，何度も「修羅場」をくぐってきたからである。「腹が据わった」とでもいうのか，もう少々のことでは，全く動じなくなった。定時制の生徒を見る眼も変わった。「暴力教師」から一応卒業することもできた。生徒の心情が少しは理解できる教師になれた。非常に苦しかったけれども，私にとってこの6年間の教師生活は，そういう意味でも大きな意義があった。その後，私は，N高校に転勤したが，S高校での経験が大いに役立つことになったのである。

第2節　N高校での教師生活
1．「地獄」から「極楽浄土」へ

　1983年4月に，私はN高校に転勤した。転勤して，私は，「地獄から極楽浄土に来た」，という感じを持った。N高校は，商業科の夜間定時制併設校で，全学年各1学級（定員は各学級40人）の小さな高校である。私が赴任したときは，多いクラスで20人前後，少ないクラスは4人であった。S高校は男子生徒ばかりであったが，N高校には女子生徒がたくさんいた。準看護学校の生徒が，通学していたのである。彼女たちは，最後の準看護学校の生徒で，全員4年生であった。そのクラスには男子生徒が何人かいたのであるが，彼女たちの底抜けに明るいパワーに圧倒されて，ほとんど存在感がなかった。その他の学年は，男女同数か，男子の方が多かったが，どのクラスも活気が

あって，笑い声が絶えず，明るいクラスであった。とにかく，じめじめした雰囲気をほとんど全く感じないのである。

　教職員は十数人で，商業科の教師以外は，各教科1人である。従って，教師は原則として，すべての学年で授業をすることになる。全体の生徒数が少ないうえ，授業を通して生徒全員と接触することになるのであるから，教師も生徒も互いにすぐに名前と顔を覚えることができる。また，指導処置を受けるとき以外ほとんど職員室には入ってこなかったS高校の生徒と違って，N高校の生徒は，男女とも実によく職員室に入ってきた。入ってきたというよりも，授業時間以外は入り浸り，という感じであった。生徒は，常に誰彼となく教師をつかまえて楽しそうに話をしている。特に，転勤してきた教師には興味があるのか，私のところにも生徒がよく話をしにきた。卒業生も，絶えず職員室に出入りし，恩師に当たる教師や在校生と話に花を咲かせている。何とも和やかな雰囲気である。S高校では，想像もできなかった風景である。

　私は，N高校には教師と生徒の本来あるべき「理想」の姿が存在している，と思った。管理職を含めて，ほとんどの教師が「権威者」としての鎧を脱ぎ捨て，それこそ「一人の人間」として生徒と接している。互いがホンネの部分で，自然体で付き合っている。確かに，職員室というものは，教師にとって大事な「仕事場」である。授業のための教材を作成したり，さまざまな書類を書いたり，連絡会を行ったり，職員会議を開いたり，生徒の指導処置をしたりと，いろいろな機能を果たす「空間」である。機能的な面では，授業を主体とする教室とは大きく異なる。確かに，教室でも生徒とコミュニケーションをとることは可能である。しかし，それは主として，一人の教師と生徒集団という形でのコミュニケーションである。個人単位のコミュニケーションはとりにくい。教師として生徒集団の実態を把握しておくことは，大切なことである。と同時に，生徒個々人の実態も，把握しておく必要があるのである。クラス運営は，主として担任が行うが，かといって，それ以外の教師が，そのクラスの生徒に対して無関心であっていいわけではない。全教師

が個々の生徒を把握していれば，何か事が起ったときにでも，全員で対応できる。小さな所帯の学校なので，全教師が普段から情報資源を共有することは可能だし，実際，N高校では，それに近い状態にあった。その情報資源の多くが，実は，職員室での教師と生徒とのコミュニケーションから得られていたものなのである。

　生徒が，教室と同じ感覚で職員室を利用している場合は，問題があるであろう。しかし，教師と生徒の双方が一定の節度を持って行動すれば，職員室の秩序は保たれる。例えば，連絡会や会議中の時などは，生徒の入室を禁止していた（その場合は，入り口に「入室禁止」という札を吊り下げておいた）が，その時間帯は職員室に入ってこなかったし，それまで職員室にいた生徒は退室していった。また，授業中も余程のことがない限り，職員室には入ってこなかった。生徒が職員室に入ってくるのは，主に休み時間，給食の時間，登校して授業が始まるまでの時間，そして放課後である。これらの時間帯には，必ず何人かの生徒が職員室にきていた。私は，急ぎの仕事がある場合はともかく，そうでない場合は，授業の空き時間や出勤後の時間等を使って十分仕事ができたので，ほとんど不便や苦痛など感じたことはなかった。S高校の生徒と違って，N高校の生徒にとって，職員室は，まさに「憩いの場」でもあったのである。

　私がN高校に転勤して，最も驚いたことのひとつが，生徒の処置規定がなかったことである。前任校では，あらゆるケースを想定して，処置規定が詳細に決められていたが，N高校では，それが全くなかったのである。何度か「修羅場」を経験してきた私には，そのことが全く理解できなかったので，N高校での勤務年数が長い教師に，なぜ処置規定がないのか聞いてみた。その教師曰く。これまで職員会議で議題として取り上げなければならないような問題行動は全くなかった，ということであった。私は，わが耳を疑ったが，実際に処置規定がないのであるから，事実なのであろう。例え，問題行動があったとしても，その都度，状況に応じて適宜処置されていたということである。なんと素晴らしい学校なのか。私には，N高校が「極楽浄土」に思わ

れた。しかし、この「極楽浄土」も、やがて「地獄」へと化していくのである。

2．N高校に赴任して初めてのクラス担任に

　N高校が、「極楽浄土」であったのは、転勤して2年間ほどであった。3年目に私は、N高校に赴任して初めてクラス担任になった。しかも、1年の担任である。S高校でも2度クラス担任になったが、1年の担任は今回が初めてであった。このクラスの生徒は、実に多彩であった。例えば、三つ子の兄弟がいて、全く見分けがつかなかった（このクラスは4年間担任をしたのだが、最後まで判別できなかった。私が、N高校で最後のクラス担任をしたときには、双子の兄弟を受け持った。彼らの場合は、何とか判別できた）。

　かなり重い障害を持った生徒も2人いた。1人は、片方の手と足が不自由で、薬の服用はもちろんのこと、月に一度は県外の施設でリハビリを行っていた。もう1人は、小さいときに頭をけがして脳障害を起こし、そのために彼も相当きつい薬を服用していた。前者の生徒は、学校生活に適応できたが、後者の生徒は、いろいろと問題を起こした。彼は、小・中学校で「いじめ」の対象にされてきた。そのために防衛機能が過度に働き、相手から少しでも攻撃を受けると、この防衛機能が働いて、その相手に暴力で対応してしまうのである。算盤がこなごなに砕けるほど強く相手の頭を殴ったこともあったし、シャープペンシルで相手の背中を刺してけがをさせたこともあった。普段はおとなしくて、人なつっこいのだが、いったん事が起きると人が変わってしまうのである。彼は、何度か指導処置を受けたが、無事卒業にこぎつけることができた。私と彼とはそれなりに意思の通ずるところがあったのか、卒業式の日に、彼が大事にしていた額に入った大きなパズル（富士山の図柄）を私にプレゼントしてくれた。今でも私は、それを大事にしている。

　こんな生徒もいた。新学期のはじめ、クラスの生徒全員に自己紹介用の小さなカードを渡して、それに自分の思いを書いてもらった。すると、その生徒は、「趣味は人間を飼うこと」と書いていたのである。風体は見るからにふてぶてしい。「これは、どういう意味だ？」と尋ねても、「べつに」と言うだけであった。この生徒の対教師不信は非常に強く、彼との距離をなかなか

縮めることができなかった。転機は，2年のときにやってきた。彼が，バイクで事故を起こしてけがをしたのである。痛々しい格好をして，彼が登校してきたので，私は，彼にその理由を聞いた。すると，彼は，家の階段から落ちてけがをしたのだと言う。彼がウソをついていることは，察しがついた。他の生徒から，彼が普段バイクを乗り回していることを聞いていたからである。この件でも，バイクで転んでけがをした，という情報をある生徒が私に流してくれたのである（別に私の方から聞いたわけではないが）。それを聞いた以上，私は担任として，彼に事実関係を聞かないわけにはいかない。彼を別室によんで，事情を聞くことにした。最初は，なかなか本当のことを言わなかった。「本当は，バイクで転んでけがをしたのと違うのか？　あるところからそういう情報が学校に入ってきている。警察に問い合わせればすぐにわかることやぞ。本当のことを言うてみ」。こう言うと，彼は少し時間を置いて，「先生，ほんまのこと言うたら，ワシ退学になるのか？」，と私の顔を覗きこんで言ったのである。「それは職員会議で検討してみなわからんけど，でも，本当のこと言うてみ」，と諭すように言うと，彼は，事実を認めたのである。

　彼が，なかなか事実を認めようとしなかったのには，理由があった。当時，N高校では「三ない運動」（バイクの免許をとらない，バイクを買わない，バイクに乗らない）を遵守することにしていたので，生徒がバイクに乗ることを禁止していた。例え，学校外で乗っていても，その事実が確認されれば，その段階で厳罰を課することが校則で決められていた。そのことを，彼はよく知っていたのである。

　私は，職員会議に諮る前に，保護者にきてもらって事実確認をした。保護者は，本人はもとより，親自身も今回のことは深く反省しており，二度と校則を破るようなことはしないと，私に誓った。そのうえで，退学処分にだけはしないでほしい，と懇請したのである。私は，本人と何回か話をしているうちに，彼が本気で反省していることがわかったし，親が我が子を思う気持ちもよく理解できたので，その旨，職員会議で報告した。会議では強硬な意

見もでたが，結論は無期謹慎であった。無期謹慎といっても，実質1ヵ月が目途である。

　学校長からの処分言い渡しのあと，私は，本人と保護者に今後の指導について詳細に説明した。本人も保護者も，安堵したようであった。約1ヵ月の指導のうち，1週間ほど学校謹慎とした。その間，私はできるだけ彼と頻繁に接触する時間を設けて，彼との意思疎通を密にしておこうとした。じっくり時間をかけて話をすることもあったし，一緒に便所掃除をすることもあった。このことをきっかけにして，彼は，徐々に私に対しても，他の教師に対しても心を開いてきたのである。以後，彼は，二度と謹慎処置を受けることなく，無事に卒業していった。

3．「荒くれ者」大挙してN高校へ

　私が，N高校に転勤した当初，生徒の問題行動に対する処置規定がなかったことについては，既に述べた。しかし，その後，生徒の質的変化に伴って，種々の問題行動が次々と発生した。これまで，主として県南部で起っていた学校の荒廃が，県北部にまで広がってきたのである。転勤して2年目から，徐々に問題行動が目立ち始めたので，N高校でも，ついに処置規定を設けざるを得なくなった。これまでのように，状況に応じて適宜処置をする，ということができなくなってきたのである。そこで，主として私の前任校の規定をたたき台にして作成しようということになり，生徒課が中心となって，原案づくりが行われた。その原案を基にして職員会議で議論し，S高校の規定よりは少し緩めの処置規定ができあがった。以後，この処置規定に基づいて，生徒の問題行動に対処していくことになったのである。これまで，生徒課は「閑職」のようなものであったが，以後，最も「しんどい」校務分掌と化していった。処置規定は，問題行動が悪質化するに伴って，次第に強化されていったことは言うまでもない。

　生徒の問題行動は，1980年代末から悪質化してきた。喫煙，万引き，飲酒，いじめ，シンナー，不純異性交遊，集団暴走行為，恫喝，対生徒暴力・教師暴力など，次第にすさまじさを増していった。暴力団の組事務所に出入りし

ている生徒も何人かいた。暴走族のリーダー格の生徒もいた。特に，1991年度は最悪であった。私には，生涯忘れられない年度である。さすがの私も胃に穴があくかと思うほど，ひどい年であった。実際，教師を辞めることを真剣に考えもした。彼らの担任になった教師は，年度途中で退職してしまった。まだ20代の若い教師であったが，この「生き地獄」に耐えられなかったのである。このことについて，もう少し詳しく述べておこう。

　1991年4月に，H中学から問題視されていた生徒が，大挙して本校に入学してきたのである。H中学でナンバー2，ナンバー3クラスの生徒およびその下のクラスの生徒が，その中に5人ほど含まれていた。これまでにも「ひどい」生徒はいたが，彼らは全く異質であった。H中学からは，これまでも何人かきていたが，問題になるような生徒はほとんどいなかった。しかし，今回入ってきた生徒は，全く違っていた。

　なぜ，このような生徒が，これだけ大挙して入ってきたのか。確たる根拠はないが，ひとつだけ考えられることがある。この年の1月頃だったと思うが，N高校では初めて，教師全員が手分けして，湖北1市3郡の中学校を訪問することになった。年々受験生が減少してきていたので，少しでも多く受験生を確保したいという思惑があって，実施することにしたのである。全部の中学校を訪問するのではなく，過去の入学者のデータを基にして，何校かピックアップした。その中にH中学も入っていた。H中学には，私ともう1人ベテランの教師が行った。その中学校は，当時相当に荒れていた。学校長や進路指導担当者との話の中で，これまで，N高校はどんな生徒を受け入れてきたのか，というような話になった。N高校では，働きながら学ぶことを目指している生徒，あるいは職業訓練校等で勉強しながら「高卒」の資格をとることを目指している生徒を受け入れることを，これまでの基本方針としてきた。そのため，就職しないで入学してきた生徒に対しては，できる限り早めに，学校の方で就職の世話をするようにしてきている（ほとんどの場合，教職員の個人的な縁故によってではあるが）。そのようなことを先方に話した。要は，4年間働きながら，高校で学ぶ姿勢があればよいのである。

これは，あくまでもこちら側の希望にすぎない。40人という定員枠があるのであるから，実際は，こちらの思惑通りにはいかない。できる限り，定員を満たすことが要求されるからである。そのため，少々のことには目をつぶらざるを得ない。その辺のところは，先方では先刻お見通しである。進路指導担当者にすれば，希望者にはできるだけ進学させたい。例え，その生徒が，学校生活に適応できないことがわかっていても，本人や保護者から「圧力」のようなものがかかれば，なおさら，どこか「高校」と名のつくところへ進学させねばならなくなる。そのため，勢いそのような生徒を，定員枠に余裕がある定時制高校に送り込むことになるのである。これが現実である。こうして，H中学から大挙して，「荒くれ者」が入学してきたのである。

4．「地獄」と化したN高校

　「荒くれ者」が大挙して入学してきたことで，N高校は一転して「地獄」と化した。これまで何とか保たれていた学校組織の秩序が，音を立てて崩れてしまったのである。学校は，「無法地帯」になってしまったのである。当初，彼らには，学校の論理は全く通じなかった。教職員は，日々，それこそ命がけで対応した。教職員には，人権どころか，命の保障すらないような状況であった。決して，大げさなことを言っているのではない。これは「事実」である。私の妻が，ある用事で勤務先にきたときに、「奥さん，この学校では，私たち教師に命の保障はありません」，と他の教師から言われて驚いたと話したことがあった。事態を想像してもらえるであろうか。いくつか具体的な事例をあげておこう。

　まず，教室は，さながら「暴力団の組事務所」であった。暴力団の組事務所で授業をしている様子を思い浮かべていただきたい。机の上に足を上げて教師をにらみつけている生徒。机をいくつか並べてその上で寝そべっている生徒。「ワレ，何しに来たんじゃえ！　トットと帰れ！」と言って教壇まで威嚇しにくる生徒。教師の目の前でライターで火をつけたり消したりしている生徒。教室の中を徘徊したり，出入りを繰り返している生徒。他のクラスの生徒を連れまわしている生徒。このような生徒を相手に，授業をしなけれ

ばならないのである。これで，まともな授業などできるはずがない。どの教師にとっても，そのクラスの授業は，苦痛そのものであった。しかし，教師である以上，授業をしないわけにはいかない。私にも，なかなか妙案は浮かばなかったが，とにかく，授業中は，彼らを教室にとどめておくことを優先することにした。

　私は，N高校でもS高校での授業スタイルを踏襲していた。これまでは，それで十分やってこれた。そこで，このクラスでも，しばらくは，このスタイルで「授業」をしていたのだが，それが全く通用しないことが，明らかになった。彼らは，最初から授業なんか眼中にないのである。教室は全日制と共用だが，定時制専用のロッカーがあり，どの生徒も教科書をそこに入れたままにしている。そこから，教科書を出そうともしないのである。プリントを配っても，それに落書きされるか，破られるかが落ちである。中には，まじめな生徒もいたが，彼ら「荒くれ者」の威圧を敏感に感じ取って，全く授業を無視する。「荒くれ者」の中には，そのような生徒や「力」の弱い生徒にマッサージをさせている者もいた。時には，それを教師にさせようとする者もいた。どの教師も，同じような悩みを抱えていた。どうすれば「授業」が成り立つのか。そのことを，全教師が真剣に考えた。

　そこで，生徒全員にファイルを支給することにした。本来ならば，生徒自身が，配布されたプリントをファイルに閉じこんでいくのだが，ここでは，それは全く期待できない。ならばということで，教師が，印刷したプリントを全生徒分ファイリングして，それを授業の時に生徒に渡して必要なことを書き込ませ，授業終了後，再び回収して持ち帰り，中身を点検して，各教科担任が保管しておく，という態勢をとることにした。こうすれば，ファイルが紛失することはない。この方法に，問題がないわけではなかった。多分，私の授業以外でもそうであったと思うが，「荒くれ者」は，自分でプリントに書き込むようなことはしなかった。それぞれの「荒くれ者」が，自分よりも「力」の弱い生徒に，全部書かせるのである。しかし，当初は，授業が1分でも2分でもできれば，それでよしとしなければならないような状況であ

った。

　そのような「荒くれ者」も，やがて1人抜け，2人抜けしていった。他の「荒くれ者」も，時間の経過とともに，ほんの少しだが変化を見せてきた。相変わらず，教師に対しては威圧的だが，少しは「授業」ができるようになってきた。私は，フルタイムの授業をすることを断念して，とりあえず，教科の授業は半分とし，あとの時間は，できるだけ生徒とのコミュニケーションを図ることに使った。そのために，生徒と世間話，その日の出来事，職場の話，私自身の体験談などを話すこともあった。時には，「荒くれ者」と腕相撲をしたこともある。私は，学生時代に少林寺拳法を習っていたので，腕相撲には自信があった。「荒くれ者」ナンバー1の生徒とは，ほぼ互角の勝負ができた（結果的には，私が負けたのだが）。それ以外の「荒くれ者」には楽勝できた。その後も，何度か「荒くれ者」から所望されたが，いつも同じ結果であった。これが，私にとって大きくプラスすることになったのである。

　彼らは，「力」関係でつながっている。彼らの世界では，「力」の強い者が弱い者を支配するという，一元的な関係性が成り立っているのである。彼らは，自分よりも「力」の強い者には従う。例え，それが，「仲間集団」外の人間であっても同じである。私は，彼らからすれば「仲間」ではない。「敵」だ。「荒くれ者」の多くは，その「敵」に敗れたのである。彼らは，人を見て対応を変える。それが，これまで彼らが，この世界で生き延びていくために必要な処世術であったのだ。果たして，彼らは，私に対する対応のし方を変えてきたのである。私に対して，「威圧的」な態度が，めっきり少なくなった。「荒くれ者」の中には，自分でプリントに書きこむ者もでてきた。入学当初から比べたら，「大きな」前進である。

　「荒くれ者」の大半は，1年の段階で中退したので，2年以降は，随分と授業がしやすくなった。それ以後は，彼らに匹敵する「荒くれ者」は入学してこなかった。次に，彼らがどのような問題行動をとったのか，その概略を述べておこう。

5．「荒くれ者」の問題行動

　「荒くれ者」の問題行動をあげたら切りがない。それほど，彼らは，いろいろな問題行動をとったのである。そのうちのいくつかを紹介しておこう。

　N高校では，上下足分離方式をとっていた。しかし，彼らだけは，いつも土足で職員室や教室に入ってきた。教師がいくら注意しても，全く聞く耳を持たなかった。最後には，教師がスリッパを持ってきて，彼らに履き替えさせる，という始末であった。私は，そのようなことを一度もしたことはなかったが，「物分りのいい」教師は，しょっちゅうそうしていた。とにかく，上履きに履き替えさせないことには，他の生徒にも指導が入らなくなってしまうからである。

　彼らは，よく職員室へ入ってきた。しかし，彼らには，「節度」が全く欠けていた。連絡会や職員会議をしている時でも，平気で入ってくるのである。また，その時間になっても，出ていこうとしないのである。そのたびに，連絡会や職員会議を中断したり，延期したりしなければならなかった。こういう事態が続いたので，その後，連絡会や職員会議をするときには，扉の鍵をかけることにした。でも，職員室は1階にあったので，窓から入ってこようとする生徒もいた。特に，その生徒には，同じクラスに「天敵」がいたため，教室に入れず，それで授業中でもよく職員室へきていた。きているだけならまだいいのだが，急に激高して，わめき散らし，挙句に，教師の机の上にあるものを撒き散らかしたり，教師の頭をたたいてまわったりしたこともあった。私は，その被害には遭わなかったのだが，それには理由があった。彼と何度か腕相撲をしていて，私は常に，彼に楽勝していたからである。

　N高校では，未成年の生徒は喫煙禁止である。違反した場合には，処置規定に従って指導してきた。しかし，喫煙器具を所持しているだけの場合は，注意するだけにとどめていた。彼らは，ほとんどすべて，喫煙器具を所持していた。そして，教師の目の前で，タバコに火をつけるのである。しかし，その場では，それを吸うということは決してしない。吸わなければ喫煙行為にはならないので，処罰はされない。彼らは，そのことを十分承知したうえ

で，そのような行為をしているのである。教師に対する一種の挑発である。しかし，教室では堂々と「吸っている」のである。特に，給食後，そのクラスの授業に入ると，教室中が煙草の煙で充満しているし，教室の中や窓の外には吸殻がたくさん落ちている。時には，ゴミ箱の中にも捨ててある。給食後の空き時間に，そこでタバコを吸っていることは明らかなのだが，彼らは，教室中のすべてのドアや窓に鍵をかけたり，カーテンを閉めたりしているので，確認のしようがないのである。喫煙は，「現行犯」でないと処置できないので，実に厄介である。

　これらの事例は，まだ「よい」方である。その他に，恫喝，シンナー，集団暴走行為など，刑事事件に関わるような問題行動も頻繁に起った。恫喝は，「荒くれ者」の1人が，私のクラスの生徒に対して行ったのである。当時は，生徒にバイク（50cc未満）での通学を許可していた。私のクラスの生徒も，何人かバイクで通学していた。そのうちの1人が，彼に恫喝されてバイクをとられたのである。彼は，最初，合意の上のことであることを主張したが，結局，恫喝したことを認めたのである。恫喝された生徒は，もともと気の弱いおとなしい生徒で，その後まもなくして，退学してしまった。

　シンナーに関しては，彼らが入学してくる前から，相当深刻な事態になっていた。生徒の中には，暴力団の組員や準構成員になっている生徒が何人かいた。彼らは，しょっちゅうシンナーを吸っていた。しかし，それは個人レベルでのことであった。ところが，かの「荒くれ者」たちは，外部の人間を学校に連れてきて，集団でシンナーを吸っているのである。その風景は，まさに異様である。在校生だけならば，教師集団だけでも対応できるのであるが，外部の人間が関係しているとなると，そうはいかない。その場合には，警察に連絡して対処するしかない。そこで，警察に連絡するのであるが，警察が現場に到着するまでに，彼らはその気配を感じて，すばやく逃走してしまうのである。

　「荒くれ者」の中には，暴走族に入っている者もいた。しかも，その暴走族の中で，相当の「地位」を占めていた。リーダー格の1人である。彼は，

しょっちゅう集団暴走行為を繰り返し，警察からもマークされていた。結局，彼は警察に逮捕されたのだが，その後もしばらく続けていたようである。その彼も，2年の途中で退学してしまった。

彼らとは別の学年にいた生徒であるが，教師にカッターナイフで首を切りつけ，退学処分（形の上では自主退学としたが）になった生徒もいる。その生徒は，日ごろからその教師と折り合いが悪く（といっても，その教師は，非常にまじめで，生徒からの信頼も厚かった。その生徒が，その教師に対して，一方的に因縁をつけていた，と言った方が適切である），それが引き金となって，「事件」を起こしたのである。幸い，被害にあった教師は大事に至らなかったが，即刻，事態を県教育委員会に連絡し，緊急職員会議を開いて，対策を講じた。退学処分にすべきであるという強い意見も出たが，本人の将来を考えて自主退学とした。ひとつ間違えば，大事件となるところであった。

第3節　印象に残る生徒

私は，S高校で6年，N高校で12年，都合18年間，定時制高校の教育に携わってきた。その間，いろいろなタイプの生徒と接してきたが，その中に，特に印象に残る生徒が何人かいる。彼らの多くは，「荒くれ者」で，文字通り，彼らに対しては「身体を張って」，ホンネの部分でつきあってきた。

そのうちの1人が，T君である。彼は，S高校で，私が授業中机を蹴り上げて，額に瘤をつくらせてしまった生徒である。彼は，全日制高校中退者で，学校不信・教師不信はすさまじかった。彼には全くタテマエは通じなかったので，その後も，私は，常にホンネの部分で接しつづけた。でも，彼の方から，私に話しかけてくることは一度もなかった。その彼が，卒業式当日に，想像だにしなかった行動をとったのである。彼は，入学して以来，恐らく一度も職員室へきたことがなかったのではないかと思うが，その彼が，職員室に入ってきて，全教師にお礼の挨拶をして回っているのである。その後，別室にいた私のところにやってきて，次のようなことを言ったのである。「先

生，相談に乗ってくれへんか。ワシ，結婚したいヤツがおるんや」。私は，一瞬わが耳を疑った。何せ，Ｓ高校での「荒くれ者」が，こんな大事な相談事を，私に持ちかけてくるのである。私は，正直驚いた。と同時に，私は非常に嬉しかった。なぜ，他の教師ではなくて，この私なのか。彼曰く。「先生だけや。本気になってワシにぶつかってきてくれたのは。だから，先生に相談するのや」。当時，若さだけがとりえだった私は，良くも悪くも，生徒に対しては全力でぶつかった（つもりである）。彼には，私の粗野ではあるが，一本気なあり方に何か感ずるものがあったのであろう。少なくとも，彼に関しては，私の教師としてのあり方は，間違っていなかったのである。

　２人目は，Ｋ君である。彼は，Ｎ高校で「荒くれ者」ナンバー１だった生徒である。彼は，２年の途中で中退してしまったが，１年のときは，クラスだけでなく，全校的に大きな影響力を及ぼした生徒である。彼も，非常に強い学校不信・教師不信を持っていた。教師に対しては，常に威圧的で，教師を呼び捨てにしていた。しかし，他の「荒くれ者」と違って，少しは「道理」が分る生徒であった。私に対しても，呼び捨てをするなど，威圧的な態度をとっていたが，決して手を出すようなことはしなかった。彼は，授業中に，何度も自分の都合のよいことを主張して，それを私に認めさせようとした。そのたびに，私は，「１人ぐらい『物分りの悪い』教師がいてもいいだろう」と言って，絶対に彼の言い分を認めなかった。彼の言い分を認めてしまったら，私の「教師」としての存在そのものが否定されてしまうからだ。彼らの前では，その後も，私は「物分りの悪い」教師として振舞った。私としては，「筋を通す」ことにこだわったのである。

　この私の教師としての頑なな姿勢が，彼にどのような影響を及ぼしたのかわからないが，彼が中退して４・５年経ったある日，偶然に彼と再会したのである。当時，私の集落では，農村下水道の工事をしていた。彼は，地元の土建会社に勤務していて，ちょうど仕事の関係で，私の集落にきていたのである。たまたま，私の家の前で仕事をしているところで，彼と出会ったのである。彼の方が先に私を見つけて，声をかけてくれたのである。「先生，こ

こに住んでるんか。久しぶりやなー」。彼は，何人かの仕事仲間と一緒に，一生懸命汗をかいて働いていた。生徒であったときと比べると，大きく成長しているように見えた。在学中は，私を呼び捨てにしていた生徒が，今はじめて「先生」とよんでくれたのだ。それだけでも，私には彼が「大人」になったと思えた。しばらく，彼と立ち話をしたが，その話し振りは，普通の大人のそれであった。鋭かった眼光が穏やかになり，言葉の使い方も，非常に柔らかくなっていた。中退したことを後悔しているようではあったが，結婚して子どももいるので，今は一生懸命仕事をしている，ということであった。工事で，私の家の車庫の出入り口付近のコンクリートが破損したり，ヒビが入ったりしていたので，「先生，ワシがちゃんと直して，前よりもきれいにしといたる」と，ニコニコしながら言ってくれた。そして，別れた後，彼は，傍にいた仕事仲間に「今のは，ワシの高校の時の先生や」と言っているのが聞こえた。N高校を中退した後，彼は大きく成長した。私には，それが何よりも嬉しかった。

　3人目は，N君である。彼は，私が，N高校に赴任して初めてクラス担任になったときの生徒である。彼は，中学までは県外に住んでいたが，父親が死亡した後，伯父の家に移り住んで，そこの会社で働いていた。母親（継母）との折り合いが悪く，妹と一緒に伯父の家で暮らすことになったのである。ところが，伯父の家でもいろいろと「つらい思い」をし，次第に生活も荒れていった。大きな問題は起こさなかったが，3年のときに何ヵ月か「家出」をしてしまった。その間，彼は，友達の家を転々とし，そこから学校に通っていた。私は，最初，そのことを知らなかった。ある日，彼の伯父夫婦が，彼がどこにいるか教えて欲しいと，学校に言ってきた。その段階で事の次第を知ったのである。彼にそのことを告げ，今後の身の処し方について何度も真剣に話し合った。

　その後，彼は伯父のところに帰ったが，会社はやめることになった。そこで彼は，私に仕事を紹介して欲しいと頼みにきたのである。私は，懇意にしている電気店に，彼を連れていって，働かしてもらえるようお願いした。店

主は，快く承諾してくれた。しばらくそこで働いた後，彼は別の会社で働くことになった。今でも彼は，そこで中堅社員として働いている。彼は，小さい頃から，本当につらい思いをして育ってきた。幼くして実の母親と別れ，高校に入学した時に父親まで亡くしてしまった。彼は，妹思いの気のやさしい人間である。しかし，伯父の家では歓迎されなかったようだ。それが，彼には耐えられなかったのである。私は，できるだけ彼の身になって考え，最善を尽くすよう心がけた。

　その彼が，卒業と同時に1年下のY子と結婚したのである。最初，彼は，私に仲人をして欲しいと頼みにきたのである。私を「父親」のように思っていたのかもしれない。彼から依頼を受けたとき，「僕は構わないが，まず会社の上司に依頼したほうがよいのではないのか」，と言って，とにかく上司に相談するように話した。結果的に，上司が引き受けてくれたので，私は仲人をすることはなかったのだが，何年か後に，子どもを連れて学校にやってきた。そのときに，彼は，自分の子どもに，「これがお前の『おじいちゃん』やで」，と言って，私を指差したのである。そのときの，彼の嬉しそうな顔は，今でも忘れることができない。彼は，その後も毎年，家族写真つきの年賀状を送ってくれている。

　もう1人だけ紹介しておこう。N君と同級生のY君である。彼は，全日制高校を中退して，N高校に入学してきた。根はやさしい温厚な生徒なのだが，中退した高校では，相当な事をしてきたようであった。N高校に入学して早々，他の生徒と殴り合って，相手にけがをさせ，謹慎処置を受けた。保護者にきてもらって，事の次第を説明し，学校謹慎とすることを告げた。そのときに，彼の父親が，「先生，どうかあの息子を，何とか一人前の人間にしてください」，と私に懇請したのである。

　彼は，伯父の会社で，左官の見習として働いていた。将来は，独立して，一人前の職人になることを目指していたのである。彼は，在学中に結婚した。結婚するときに，相手のことで，両親とひと悶着起こした。そのとき彼は，困り果てて，私に相談を持ちかけてきた。私と彼は，非常に相性がよかった

のである。私は、そのとき、彼に何を言ったのかよく思い出せないが、とにかく、自分たちの意思が固いのなら、そのことをきちんと親に話して、納得してもらうことが必要だ、というようなことを話したと思う。当初反対していた彼の両親も、彼らに子どもができると、結婚を認め、今は幸せに暮らしている。彼も卒業後、何度か学校に子どもを連れてきた。5・6年前に偶然、彼が仕事中に出会って、しばらく話をしたことがあったが、そのとき、彼は、もう独立して仕事をしている、と嬉しそうに私に話していた。彼も、私のところに、毎年家族写真つきの年賀状を送ってくれている。

　通算して18年、定時制高校の教師をしていたので、私が関わった生徒は、何百人になる。どの生徒に対しても、それぞれに思い出はあるが、すべての生徒についてそれを述べることはできない。ただひとつ言えることは、定時制高校は、まさに「社会の縮図」であるということだ。全日制高校とは異質な文化を持った世界である。そこには、定時制高校独特の文化がある。私がこれまで述べてきたことを中心に、以下に整理してまとめておこう。

第4節　定時制高校の文化特性

1．高校全入時代の定時制高校

　ごく一部の者を除いて、中卒者のほとんどが高校に進学するという、「高校全入時代」に移行して久しくなる。義務教育である小・中学校では、若干の例外はあるものの、実質的に「平等」な教育が行われている。しかし、中卒者の90数％の人間が、高校入試の段階で、「学力」という名の能力によって選別され、それぞれの能力に「合致」する高校に入学していく。通常、生徒は、学力に応じて精巧に「輪切り」にされ、全日制高校（普通科、総合学科、職業科）、定時制高校へと振り分けられていく。

　高校への進学率が低かった時代とは違って、今日の「高校全入時代」では、明らかに生徒の学力水準に基づく高校の階層構造が形成されている。一方の極には、学力の優れた生徒が集中する高校があり、他方の極には、多くの問題を抱えた、しかも学力の低い生徒が集中する高校がある。前者は、いわゆ

る「進学校」とか「名門校」とか言われて，地域社会で高い評価を受けている高校であり，後者は，「底辺校」とか「困難校」とか言われて，低い評価に甘んじている高校である。「ある地域の高校間の序列は，全国の大学間格差と同じくらい，その地域に住む人びとにとってはっきりしたものである。それぞれの地域社会では，どの高校を卒業したかということが，一生涯つきまとうことになる。さらに，個々の高校の生徒がどのような特性をもっているかについて，ことこまかにステレオタイプがつくりあげられ，それが彼らの自己イメージに，ぬぐいさることのできない刻印を押している」[1]と，トーマス・ローレンは，日本の高校の序列的な構造特性を的確に述べている。

また，彼は，「日本の教育のなかで，定時制高校ほど多くの問題を抱えている所はない。ほとんど全員が高校に進学しようとしている時代に，定時制高校は，多くの矛盾や問題を抱えた生徒を受けとめるための，一種の受け皿となっている。全日制高校に入れない生徒は，定時制高校に集まる。このことは，定時制高校が，一般に中学卒業生の(学力面での)下層数％を受け入れていることを意味する」[2]と指摘して，定時制高校の今日的「実態」を的確に捉えている。

既に述べたように，日本の高校では，選別機能が肥大化し，それが必然的に学校の序列化を促している。ことに高校段階に入ると，学力的に似通ったものが同じ学校に入学する傾向が強まるとともに，学校の入学ランクによる等質化が進行していく。学校格差は，同程度のランクの学校での学力，進学アスピレーションの等質化を意味するだけでなく，基本的な価値志向や社会階層の似通った生徒が集まることになり，きわめて同質的な生徒集団が形成される。そのことは，同程度のランクの学校では，ほぼ同じ様な教育目標を掲げたり，指導方法をとったりすることを意味する。それはまた，生徒の価値形成にも大きな影響を及ぼすことになる[3]。

このことの持つ意味は重要である。とりわけ，高校のピラミッド構造の中で，「最下層」に位置づけられている定時制高校および，そこに通う生徒にとって，選別機能の肥大化と学校の序列深化は，学力評価の面だけでなく，

「人間としての価値」までステレオタイプ化されて,「ダメな学校」とか「ダメな生徒」といった「不当」な評価が付与されてしまうからである。若干の例外措置はとられているが,一般に,高校入試は,客観的な「学力」試験によって,受験生をきわめて「公正」に選別している。現代社会は,業績主義の原理が優位している社会である。選別の基準が,「公正」であればあるほど,「学力」によって獲得した社会的地位には,高い「業績」的評価が与えられる。もともと「学力」という物差しで得た「業績」に対する評価と,人間性をベースにした「人格」の評価とは結びつかないのだが,業績主義優位の序列社会日本では,両者が一元的に結びつけられ,同じレベルで「世間的評価」がなされてしまう。特に,日本の社会では,各人に対する教育制度の「審判」の結果は,「世間的評価」の絶対的基準となっている。このような社会で,定時制高校やそこに通う生徒に与えられる「世間的評価」がどのようなものであるかは,もはや多言を要しないであろう。そして,一度貼られたレッテルを拭い去ることは,ほとんど不可能に近いのである。

2. 学校の成層性と負の文化特性

既に見たように,「成層性」という性質が,今日の学校文化[4]の底流をなしているのであるが,特に日本の場合,「高校のランキング」という形で象徴的に示されるように,それが生徒の社会的な分化を大きく規定している。高校段階では,「進学校」「就職校」「底辺校」といった地位分化が,学校間で顕著になり,このような地位分化に対応する形で,個別の学校文化が形成され,維持されていく。各学校には,それぞれ独自の「チャーター」[5]があり,教師集団は,それを維持したり,改善したりする方向で教育活動を組織する。それは,視点を変えれば,生徒は,「その学校にふさわしい生徒になるべく共通の体験を与えられるということになる。チャーターは,生徒の側での予期的社会化をもたらすという点で,独自のインパクトを生徒に与える」[6]ことになる。

これは,志水宏吉が指摘しているように,一般的には,次のように機能する。「ランクの高い(進学チャーターをもつ)高校ほど,威信の高い知識を

伝達し，評価配分システムがきびしいものになる。逆にランクが低くなるほど，管理統制システムがきびしいものになる。ことばをかえれば，伝達される知識の威信が高くなるほど，その学校の評価配分システムがきびしくなり，管理統制システムがゆるやかになるのである」[7]。実際には，生徒たちは，具体的な生活空間としての個々の学校の中で，個別の教師や仲間たちとの相互作用を通して，学校文化を体験する。学校文化はひとつのまとまりを持ったものだが，各学校が学校制度全体の中のどういう位置を占めているかによって，それは，それぞれの学校で違った現われ方をする。生徒たちは，学校文化の異なる位相にさらされることになるのである[8]。

では，学校制度全体の中で「底辺校」に位置づけられている定時制高校の学校文化とはいかなるものなのか。以下で，負の側面に焦点を当てて，少しまとめておくことにしよう。

学校とは，「文化伝達の機関」であるが，それは主として，歴史的過程の中で，国家的必要性に基づいて産み出され，体系化された「教育的知識」を，国家によって援助され，期待され，権威づけられた「教育」（＝公教育）によって生徒に伝達するという役割を持つ。生徒の側から見れば，そのような「教育的知識」をマスターすることが，学校から期待され，求められる。つまり，学習指導要領に盛り込まれたカリキュラムを，一定の水準でクリヤーすることが，生徒に求められる[9]。それをクリヤーできなかった生徒は，個々の学校で「劣等生」のレッテルを貼られて，アウトサイダーとなり，ドロップアウトしていく。あるいはまた，自らが所属する学校のもつ組織風土や「関係の構造」（対教師関係，対生徒関係）に適応できない生徒が，見切りをつけて去っていく。生徒は，学校文化を内面化するだけでなく，それを「拒絶」もする。学校文化を拒絶する生徒は，多くの場合，対抗者として反学校的な逸脱文化を形成する。その原因は，どこに求めることができるのだろうか。

R.C.リストは，「学校である子供は適応し，できのよい子になり，別の子供は適応できなかったり，できの悪い子になったりという，適応・不適応の

過程に社会的諸過程がどのような影響を及ぼしているかを明らかにするうえで, レイベリング理論が有効な説明的枠組」であるとし, それは, 「実際に学校のなかで起っていることを分析しようとするものである」[10]と述べている。ラベリング理論は, 「なぜ人々にレッテルが貼られるのか, また, 人々に逸脱行動をした者というレッテルを貼るのは誰か」という問題に関心を払う。逸脱は, 逸脱者の資質や平素の行動の帰結として把えられるものではなく, 彼をとりまく集団の様々の定義づけや反応の帰結であり, 社会的聴衆によって押しつけられる社会的評価なのである[11]。つまり, 何が逸脱と判断され, 誰が逸脱者であると判断されることになるかは, 多様な社会的状況の中で決まるものであり, その意味で, 逸脱というのは, 自明のものではなく, 全く「主観的」に決まるものである。通常, それは, そうした決定を下す権力を持つ人が決める[12]。学校社会において, そのような「権力」を持つものは, 個々の教師であり, 教師集団である。あるいは, 教師集団や生徒集団等を包摂した学校組織そのものである。

定時制高校に入学してきた全日制高校中退者の多くが, 強度の教師不信や学校不信を持っているのは, 彼らが, 教師や学校から「逸脱者」としてのレッテルを貼られて, そこから「追放」されたからに他ならない。彼らは, そのことによって, 逸脱者としての新しい自己を形成し, 貼られたレッテルにふさわしい存在になっていったのである。彼らが, 定時制高校に入学した当初, 教師や学校を敵視し, 反抗的な態度や行動を繰り返すのは, そこのところに根本的な原因があると考えられる (もちろん, それがすべてだというわけではないが)。彼らにとって, 教師や学校は「権力」そのものであり, その文脈から見れば, 彼らの逸脱行動は, 「権力」へのアンチ・テーゼでもある。

また, 全日制高校受験失敗者は, 高校入試の段階で, 「実力主義の社会」[13]の「落伍者」というレッテルを, 社会や学校や教師から貼られる。それが, 入試段階で生じた「極度の落胆」とあいまって, 「劣等感」を一層増幅させる。彼らは, 勢い不本意入学した定時制高校に, その増幅した「劣等感」のはけ口を見出す。それは, 往々にして, 種々の逸脱行動という形で表出する

のである[14]。

3．逸脱行動を逓減させるのに何が必要か

そのように理解すれば，彼らの逸脱行動を逓減させるには何が必要なのか，少しはその方向性が見えてくる。それは，教師が「権威者」や「権力者」としての鎧を脱ぎ捨て，「一人の人間」として，生徒との間に双方向性の「関係の構造」を構築することである。もちろん，無条件にそうすべきだ，というわけではない。制度上の教師－生徒関係は否定されるべきではないし，そのようなことはできるものではない。

制度上の教師－生徒関係にとらわれるのではなく，状況によっては，教師と生徒とが同じ高さの目線で向き合うことが必要である，ということなのだ。「学校は，生徒たちにレッテルを貼るという過程を通して，非行形成の主たる道具として機能している」[15]とするならば，学校が生徒に対して評価的定義を下すという行為そのものを否定しなければならない。評価的定義は，学校あるいは教師集団の価値基準を絶対的尺度として，一方的に生徒に対して行われる。そこには，学校あるいは教師集団の権力的側面が前面に押し出されている。

教師と生徒とが，同じ高さの目線で向き合うということは，両者の相互関係において，この「権力的側面」を取り除き，それぞれに「人格」を有した「一人の人間」として，「対等」な立場で向き合うことを意味する。この場合，両者の関係性に介在するものは，「教育」ではなくて，佐藤学のいう「学び」である。佐藤は，「学び」を「モノ（対象世界）と他者と自分との対話的実践」[16]と定義している。とりわけ，ここで両者にとって必要なのは，他者（教師から見れば生徒，生徒から見れば教師）と自分（教師自身，生徒自身）との対話的実践である。これらを「学校教育」の中に組織化することができるようになれば，教師と生徒との間に，相互理解と信頼関係が形成され，維持されていくようにもなる。

要は，「人間としての裸のつきあい」をすることによって，互いが自己変革し，認め合うことが肝要なのである。ただ，このような形での相互作用が，

すべての定時制高校において可能かというと，少し限定条件をつけざるを得ない。私の体験からは，小規模校で，しかも1クラスの人数が20人未満，さらに，教師集団に生徒全員に対する共通認識と共通理解が存在するという条件が満たされて，それは可能であると言える，と述べるにとどめておきたい。また，入学してから卒業するまでに，場合によっては卒業後に，そのような関係が構築できたらそれでよし，というくらいの気構えで臨むことが必要であることも，合わせて述べておきたい。

註
(1) T.P.Rohlen, *Japan's High School*, University of California Press, 1983.（友田泰正訳『日本の高校－成功と代償－』サイマル出版会，1988年，p.106)。
(2) T.P.ローレン『前掲訳書』p.41。
(3) 米川英樹「学校組織と生徒文化」長尾彰夫・池田寛編『学校文化－深層へのパースペクティブ－』東信堂，1990年，p.79。志水宏吉は，今日の学校文化の底流をなしている「成層性」について，次のように述べている。「学校文化を構成する要素・単位は，伝達される知識を媒介物として，成層化する傾向性を有している。学校文化の成層性は，具体的には，例えば『教育段階』，『学校ランク』，『学業成績による序列づけ』といったものに表出される。文化伝達の機関として成立した学校が拡大発展していく過程で，そこで伝達されるすべての知識が体系化され，序列づけられるようになった。その結果，初等・中等・高等という教育段階が設定され，その中で，より高度とされる教育的知識への近づきやすさを基準にして諸学校が序列化し，さらにそこに通う生徒たちが，知識をどれだけ我がものとしたかということを基準にして序列化されるようになったのである」（志水宏吉「学校の成層性と生徒の分化－学校文化論への一視角－」日本教育社会学会編『教育社会学研究』第42集，東洋館出版社，1987年，pp.169-170)。
(4) 学校文化とは，「学校集団の全成員あるいはその一部によって学習され，共有され，伝達される文化の複合体」のことである（日本教育社会学会編『新教育社会学事典』東洋館出版社，1986年，pp.117-118)。それは，校舎・教室などの物質的配置，カリキュラムや校則などのフォーマルな要素，教師のイデオロギーや教師生徒間の相互作用のパターンといった目には見えない社会学的な要素，等をすべて含みこんだ包括的な概念である（志水宏吉「前掲論文」p.168)。
(5) J.W.マイヤーは，個々の学校に付与された，生徒の社会化に関する社会的合意を"チャーター"とよび，「生徒は学校に付与されたチャーターが示している社会的地位にふさわしい人格的・社会的資質を身につける傾向がある」という命題を"チャータリング"ということばで表した（J.W.Meyer, "The Effect of Education as an Institution", *American Journal of Sociligy*, Vol.83, No.1, 1977, pp.55-77. 志水宏吉「前掲論文」p.170)。
(6) 志水宏吉「前掲論文」p.171。
(7) 志水宏吉「前掲論文」p.172。なお，志水がここで使用している概念としての「評価配

分システム」とは，教育活動のフィードバックの側面にかかわるものであり，また，「管理統制システム」は，組織体としての学校の機能を維持するために形成されたもののことである。
(8) 志水宏吉「前掲論文」p.169。
(9) 佐々木賢は，次のように述べている。「教育とは教える事を専門にする人がいて，当事者以外の他人が目標を決める。さらにその目標に到達する為にカリキュラムを作り，当事者以外の人が教科書を用意する。そして発達という観念をもち，誰しも段階的に発達するものと見て，どの段階に到達したかを知るために評価する。現代ではこうした行為は当たり前と思われているが，これは人間にとってどういう意味があるのだろうか」（佐々木賢『怠学の研究－新資格社会と若者たち－』三一書房，1991年，p.253）。また，佐藤学は，次のような示唆に富む指摘をしている。「わが国の教育課程行政の特徴は，どの教師も完全には達成できず，どの子どもも完全には達成できない最大限に過剰な教育内容を，学習指導要領で公的基準として定めているところにある。このシステムは，裏を返せば，学校と教師の無責任体制を生み出しているとも言える」（佐藤学『学びの身体技法』太郎次郎社，1997年，p.166）。
(10) R.C.Rist, "On Understanding the Processes of Schooling: The Contributions of Labeling Theory", Oxford University Press, 1977.（前田英典訳「学校教育におけるレイベリング理論」）。J.Karabel and A.H.Halsey, ed., *Power and ideology in Education*, Oxford University Press, 1977.（潮木守一・天野郁夫・藤田英典編訳『教育と社会変動－教育社会学のパラダイム展開－』（上），東京大学出版会，1980年，p.206）。
(11) R.C.リスト「前掲訳論文」p.207。
(12) R.C.リスト「前掲訳論文」p.208。
(13) T.P.ローレンは，「実力主義の社会」を「平等な教育機会を提供し，さらに能力と業績を基準として，人びとを多くの等級から成る職業階層へと選別・配分するような社会」と定義している（T.P.ローレン『前掲訳書』p.121）。
(14) 佐々木賢は，次のような示唆に富む指摘をしている。「この時期（＝序列の時期）の中・高校生の荒れや反抗は，自分の相対的な序列地位の低さからくるコンプレックスからくるが，単なるコンプレックスというよりも，過剰の落胆，過度の劣等意識に特徴がある。……。勉強嫌いならそれなりに生きていく方法も残されているのに，一切の生き方が否定されたように不安な気持ちでいる。また彼らは大人から心が離れて生きているために，その現実を見る程の余裕もない。……。……。この時期は校内暴力の時期でもあった。自分が序列の最下位に位置し，将来見通しが立たない者たちは，学校の中で荒れた。序列を作った張本人は教師だと思い込み，教師に殴りかかった。もし，彼らが受験序列以外の世界を知っていたなら，それ程荒れなかっただろうに，学校を閉じたシステムと思い込んだために校内暴力に訴えたのだ」（佐々木賢『前掲書』pp.96-97）。
(15) R.C.リスト「前掲訳論文」p.220。
(16) 佐藤学『前掲書』p.91。佐藤は，続けて次のように述べている。「『学び』は，モノ（教材，あるいは対象世界）と対話し，他者の考えや意見と対話し，自分自身の考えや意見と対話する実践である。『学び』は，その意味で，認知的（文化的）実践であるとともに対人的（社会的）実践であり，同時に自己のあり方を探求する実存的（倫理的）実践である。『世界づくり』と『仲間づくり』と『自分探し』の三位一体論として，私は，『学び』の実践を定義している」(p.91)。

第2章　定時制生徒の意識と行動

第1節　学歴社会に見る「教育の荒廃」

1．全国実態調査に見る「教育の荒廃」状況

　「教育の荒廃」。この言葉を耳にして既に久しくなる。この言葉は，教師たちが自省と告発の意味を込めて使いだしたものであると言われる。学校が荒れている。「本来の学校」の姿を取りもどしたい。そのような切実な願いが「教育の荒廃」という言葉の中に含まれている。「教育の荒廃」は，日本社会全体の今日的な病理現象である。それは戦後日本経済の高度成長の「落とし子」であると同時に，競争社会で勤勉に努力することを最高の理想とする伝統的な価値観（R.ドーアは，それを「競務価値観」とよんでいる[11]）に基づく戦後日本の教育制度の「落とし子」でもある。今まさに戦後「民主」教育のあり方そのものが，高度産業社会的状況との関わりの中で厳しく問われなければならないのである。

　全国的に見て最も荒れているのは中学校である。もちろん高校も相当に荒れている。1983年6月3日付の『朝日新聞』に，文部省による初めての「荒れる教室」の全国実態調査結果が公表された。この調査は，当年4月，各都道府県教育委員会を通じて全国の公立中学校10,252校，公立高校3,954校全部を対象に行われたものである。この調査結果（中学校関係分）を集計したものが表1である。

　この調査結果によると，昭和57年度に校内暴力が起こった中学校は1,388校（全体の13.5％）で約7校に1校の割合，高校は415校(10.5％)で約10校に1校の割合である。その内訳を見ると，中学校では対教師暴力の発生1,404

表1　57年度の中学校の校内暴力＝文部省調べ（発生学校数の％は公立中総数に対する割合）

	発生学校数(%)	対教師暴力			生徒間暴力	
		件数(学校数)	教師数	生徒数	件数	生徒数
北海道	68 (8.5)	37	46	101	72	390
青　森	9 (4.2)	7	8	14	3	17
岩　手	11 (4.6)	12	23	27	8	30
宮　城	24 (11.7)	28	29	78	21	190
秋　田	4 (2.7)	1	1	1	4	35
山　形	6 (4.0)	4	4	5	3	23
福　島	9 (3.6)	4	5	7	7	52
茨　城	21 (10.2)	21	28	63	25	128
栃　木	30 (18.0)	8	15	12	27	231
群　馬	14 (7.9)	15	18	49	14	90
埼　玉	59 (16.2)	55	67	94	57	629
千　葉	15 (4.6)	12	23	76	12	149
東　京	83 (13.1)	91	120	244	67	506
神奈川	52 (14.4)	37	74	127	45	392
新　潟	28 (9.7)	30	32	71	43	274
富　山	5 (5.8)	9	8	8	19	33
石　川	3 (2.7)	2	1	1	2	8
福　井	2 (2.4)	—			4	15
山　梨	2 (2.0)	1	1	4	1	10
長　野	3 (1.6)	—			3	31
岐　阜	16 (8.0)	16	19	18	18	77
静　岡	51 (19.2)	28	39	56	82	421
愛　知	61 (16.5)	29	44	70	38	286
三　重	11 (6.3)	7	7	17	3	31
滋　賀	45 (52.9)	138	153	175	147	581
京　都	67 (38.5)	110	140	167	114	446
大　阪	249 (58.3)	248	289	505	652	3,108
兵　庫	86 (25.1)	147	169	262	214	922
奈　良	36 (37.5)	96	105	162	119	444
和歌山	9 (5.9)	4	3	5	8	34
鳥　取	4 (7.0)	2	2	2	1	6
島　根	8 (6.6)	1	1	12	16	95
岡　山	26 (14.2)	44	59	81	25	81
広　島	31 (13.4)	32	46	60	13	117
山　口	6 (3.1)	4	4	4	2	15
徳　島	4 (4.0)	3	3	4	2	4
香　川	10 (12.3)	4	6	17	5	39
愛　媛	3 (1.8)	3	4	4	—	
高　知	4 (2.7)	6	6	4	11	36
福　岡	123 (38.8)	78	78	101	337	1,357
佐　賀	10 (10.3)	3	5	24	5	57
長　崎	13 (6.3)	5	5	6	11	73
熊　本	13 (6.0)	4	3	7	12	76
大　分	11 (6.7)	8	10	41	3	58
宮　崎	2 (1.4)	1	1	9	1	6
鹿児島	20 (6.8)	3	4	9	19	123
沖　縄	21 (14.2)	6	7	14	45	362
合　計	1,388 (13.5)	1,404	1,715	2,810	2,340	12,088

出所：『朝日新聞』1983年6月3日付。

件（657校），加害生徒2,810人，被害を受けた教師1,715人となっており，高校ではそれぞれ159件（118校），238人，165人となっている。学校内外での生徒同士の暴力事件は，中学校で2,340件（1,028校），関係した生徒12,088人，高校では702件（346校），3,492人となっている。また，学校の施設・設備などが壊される器物損壊は中学校で557校，損害額6,737万円，高校で23校，177万円となっている。

　これを地域別に見た場合，京阪神を中心とする近畿地方に発生率の高さが目立つ。特に滋賀県の場合は，発生学校数においては全国第11位（45件）であるが，公立中学校総数に対する発生学校数の割合では，大阪府（58.3％）に次いで全国第2位（52.9％）と非常に高くなっている。しかし，京浜葉を中心とする関東地方での発生率が近畿地方と比較して極端に低いということ，また，それに関連して，全般的に見て地域間較差が非常に大きいという集計結果に対して，いくつかの疑問が残る。この調査結果について文部省は，「どこまでキメ細かく校内暴力をつかんでいるか，学校や教委の差が大きい」[2]と指摘しているが，実際この調査に統一基準があったわけではなく，各現場や教育委員会がどういう行為を暴力としてとらえていたのか，また，どの程度率直に実態が報告されていたのか明確ではない。従って，校内事情や生徒に対する「教育的」配慮の名のもとに事件そのものが不問に付されたり，あるいは，それに対して何らかの処置がなされても，教育委員会に報告する義務を免がれる範囲内において適宜処置がなされたりしたことによって，ここに数字となって上がってこない，いわゆる「かくれ」校内暴力や「かくし」校内暴力，およびそれに類する行為がその他にも数多く存在しているであろうことは容易に察しがつく。

2．学歴社会の中での高校教育

　文部省の実態調査が多分に不備な点を含んだものであるにしても，数字となって現われたこの「顕在的」な校内暴力の結果からして，中等教育段階における「教育の荒廃」がいかに深刻な事態にまで進展しているかということについては容易に理解することができる。

この調査では中学校に焦点が当てられているが，高校進学率が全国平均93％を越えるという今日的状況にあって，それはひとり中学校だけの問題にとどまらない。つまり，中学を卒業した者のほとんどが高校に進学するという今日的状況にあるが故に，「教育の荒廃」はその連続線上で問題とされなければならない。と同時に，高校教育も一般に言われるところの学歴社会の真只中にあって，さまざまな症候を呈している。ここに言う学歴社会とは，「ひらたくいえば，人びとがどんな職業につき，だれと結婚し，どのような地位をえるかに『学歴』が，他のどのような要因や条件にもまして，ものをいう社会」[3]であると言えるが，その「学歴」は卒業した学校の出す「卒業証書」で示される。つまり，「どこの学校を卒業したのか」ということが「世間的」な意味における「学歴」なのである。

　それと同時に考慮しておかなければならないのが，「どこの学校に入学したのか」という，いわゆる「入試歴」が生徒個人に対する人格的評価とストレートに結びつけられてしまっているということである。つまり，彼および彼女が入学した高校と彼自身および彼女自身とが短絡的に結びつけられて，ひとつのイメージがつくりあげられてしまう。イメージは虚構の世界ではあるけれども，現実には人びとは自己の形成したイメージを通してものごとを認識し，判断し，評価する傾向があると言える。従って，ひとたびイメージが形成されてしまうと，よほどのインパクトが与えられない限り，それは容易に変わるものではない。世間からいったん「名門校」の烙印が押されれば，半永久的にあるいはそこまでいかなくとも長く「名門校」であり続けることができるし，逆に，いったん「三流校」の烙印が押されてしまえば，それからの脱出を非常に困難にするという特性をそれは持つ。同じように，「名門校」に入学した生徒には，入試の際よい点数をとったという一片の「事実」のみによって，「頭のよい子」「勉強のできる子」「賢い子」という「事実」に対する評価以上の評価，すなわち，「立派な子」「すぐれた子」といったような人格的な面での評価までもが，ワンセットにされて与えられてしまうのであり，逆に，「三流校」に入学した生徒に対しては，同じような意味で

「ダメな子」「あかん子」「アホな子」といったような「世間的評価」が与えられてしまうのである。であるとすれば,「三流校」にも入学できなかった子に対する「世間的評価」については推して知るべしであろう。

ここで肝要だと思われることは,教育のシンボルとしての学校（高校）と,そこに籍を置く生徒個々人の人格とは本来的に一元的な関連性を持たないのだが,現実には,両者は表裏一体の関係にあるものとして社会的認知が付与されてしまっているということを基本的に理解しておくことである。今ひとつ基本的に理解しておかなければならないことは,日本の教育制度とりわけ入学制度が不公平だからではなく,その逆に,あまりにも「公平すぎる」（「数値化」や「点数化」に絶対的な評価の基準を置くという意味で）がために誤った「世間的評価」が生まれたり,また,そのことによってさまざまな病理現象が顕在化してきたと考えても大きな誤りはないであろうということである。もちろん,今日の教育に関する病理現象の原因のすべてを「数値化」あるいは「点数化」による入学制度の「公平さ」に帰することはできないが,それが非常に大きな要因のひとつであることにちがいはない。

今ひとつ考えられることは,本来「全人教育」のひとつの場であるべき学校が,学歴社会というよりは,むしろR.ドーアが指摘したように入試歴社会という状況に今日あるがために,個々の生徒をいかに有利な条件で上級の学校に送りこむか,あるいは実社会に送り出すかということに学校教育の照準があわされてしまっているということである。つまり,今日の学校は「教育のための教育の場」ではなく,「手段としての教育の場」であるがために,いわゆる学校の序列現象や評判格差といったような「入試歴病」が大きな社会問題となっているのであると言える。

R.ドーアは,入試歴社会には大体3つの条件がそろっていると言う。1つは,社会一般に「優秀」「普通の頭」「頭がよくない」という風に人間をふるいにかける傾向の強いこと,つまり,人間の先天的な知的「質」を重要視すること。2つは,終身雇用制,つまり卒業後の最初の就職が人の一生の労働生活を決定する最後の就職となるのが普通とされていること。3つは,入

学試験で志望者を選りわけて，最も教えがいのありそうな，OBとして最も学校の評価を高くしてくれそうな，よくできる子だけを入学させるわがままが一般の学校に許されていることである[4]。

　このような条件は，そのままそっくり今日の日本に当てはまるであろう。しかも，このような状況が今すぐに変わるものではないことも明らかである。それらは今日の日本の文化の底辺に相当に強く，しかも深く根を張っている。しかし，このような条件の存在が教育にとって好ましいものではないという認識が，とりわけ教育界において急速な高まりを見せている状況にあればこそ，これらの問題に対して正面から取り組む必要性が出てくるのである。

第2節　定時制高校・生徒を考える視点

　そこで私は，このような「入試歴社会」の中にあって「頭のよくない子」が行くところとして不当な「世間的評価」を受け続けている定時制高校に焦点をしぼり，そこに在籍している生徒の実態を描写することによって，今日の定時制高校のかかえている問題点や存在意義を正面から問おうと思う。また，そうすることが現場で教育に携わっている教師集団の一員としての私の使命でもあると考えている。

　さて，このような困難でしかも重要な課題に迫っていくためには，どのような視点から切り込んでいくかということをまず示しておかなければならない。

　第1の視点は，現代の定時制生徒の持つ諸問題を社会構造の変化，すなわち社会変動と関連させて，広汎な社会問題の一環としてとらえるということである。

　それは，今日ほど青年の問題がクローズ・アップされた時代はないからでもある。例えば，濱島朗は，青年の問題がクローズ・アップされてきた理由として，「1つには，現代の急激な変動過程のなかで，既成の社会秩序や価値体系が崩壊し，青年のおかれた状況が大幅に変わったからである。2つには，青年をめぐる状況のうちに，現代社会の内包するさまざまな矛盾，欠陥，病態が集約的に露呈しているからである。3つには，それにたいする青年の

さまざまな反応（ラディカルな異議申立てから脱文明への動き，犯罪・非行などの逸脱行動から刹那的享楽主義，無気力で無関心なノン・コミットメントなどにいたる）が，社会的な関心をあつめ，社会問題化しているからである。4つには，青年のそうした告発や挑戦あるいは逃避にたいする，社会各層の受けとめ方が賛否まちまちであって，とかく感情的な反発をともないがちだからである」[5]といったことをあげている。

第2の視点は，「非行」を中心とする青少年問題を彼ら個人の問題としてだけでなく，今日の高度産業社会あるいは情報化社会の影響をダイレクトに受けて生活している同じ「世代」（generation）あるいは「年齢コウホート」（同時出生集団 age cohorts）が持つ問題との関わりの中で包括的にとらえるということである。

ここで問題となるのは世代と年齢コウホートとの関係である。それはまた，「経験の断絶」と「経験の共有」との関係とも結びつく。世代というのは，その周期が大体30年前後であるが，年齢コウホートのそれは大体2～3年と言われる。この概念は，アメリカのP.E.スレーター等が強調しているものであるが，彼らによれば，年齢コウホートとは，人生の重要な時期に，何か新しい歴史的・社会的条件を同時に経験したことのある，あるいはこのような条件をはじめて回避したことのある集まりのことだと理解されている。そして，このコウホートとしてまとめられるものの数は，次のような理由によってますます増えていると言う。つまり，①社会変革がきわめて急速に生じているので，個々人は，2～3年ごとに生活周期のある段階で，多少とも異なる社会環境を経験しており，②何ものかが，これらの人びとをこのような変化の影響に敏感にさせているからである[6]。

ところで，世代と年齢コウホートとの関係であるが，私はこの両者を互いにあいいれない対立関係にあるものとして一元的にとらえることは誤りだと考えている。そうではなくて，むしろ両者は，集団として青年（生徒）を見る場合，補完関係にあるものと見なすこともできると考えている。これまで世代と言えば，第二次世界大戦（太平洋戦争）の終結をひとつの節目として，

戦前派，戦中派，戦後派に分けられ，それぞれの間には社会的経験の差異による「経験の断絶」が生み出されていると考えられていた。いわゆる「世代の断絶」である。

確かにこのような「世代」の分類も，意識や行動様式における相違点を理解するうえにおいて効力を失うものではないが，しかし，今日のように流動化の著しい社会状況にあって，30年という期間をひとつのまとまりのある単位としてとらえるにはあまりにも大まかすぎるとも言える。とりわけ「世代」類型における戦後派の中には，多くの相互に異なった年齢コウホートが存在していることを無視するわけにはいかない。今考察の対象としている青年（生徒）は，戦争を知らない戦無派であり，かつ高度経済成長期の文明的恩恵を満身に享受してきた年齢集団であるが，彼らの親や教師の大半は，戦中派や戦後の混乱期や高度経済成長への離陸期の年齢集団であって，両者の間には大きな経験的差異が存在していることを認識する必要がある。その意味では両者の間には「経験の断絶」による意識や行動様式の不連続性が存在するとも言えるが，他面で，世代の中に存在するいくつもの年齢コウホートをつなぎあわせていけば，両者の間には「経験の共有」が少なからず存在すると言えるのではないだろうか。

松原治郎は，「多くの調査データに拠りながら，現代の青年をみていく中で，私は断絶よりはむしろ連続を感じた。若者の中にある不安は，おとなの中にある不安と同じであり，かつ日本人らしい遺伝子もちゃんと引き継いでいる。問題は，その連続する不安そのものであり，遺伝子自体である。断絶のほうではない」[7]と述べている。

また，加藤隆勝も心理学の観点から，「価値意識の調査や連想反応の結果では，子どもたちと家族との結合は，一面においてきわめて強いことを示している」とか，「現代っ子の価値意識は，よく検討してみると現代のおとなの価値意識によく似ている。現代っ子の特徴や問題性は，現代のおとなの特徴や問題性の反映に他ならないことになる」[8]と指摘しているが，これらの見解はともに傾聴に値するであろう。

ともかくも現代の青年（生徒）と彼らの親や教師との間には世代的なレベルや年齢コウホートのレベルでの経験的差異があると同時に，両者の間にはひとすじの経験的共有も存在するということに注意を払っておかなければならない。青年（生徒）や親や教師集団がそのことに気づいているかどうか，あるいは認識できるかどうかにかかわりなく。

　従って，第3の視点として，今日のさまざまな青少年問題，ここでは定時制生徒の持つ諸問題を，今日の社会とは異質な社会を経験した世代，すなわち成人の立場（＝教師の立場）だけで見るのではなく，彼らの立場（＝生徒の立場）からも考えていかなければならないということをあげておかなければならない。つまり，考察や理解の段階においては「世代の断絶」があってはならないということである。特にこのことのもつ意味は重要である。なぜならば，「青年たちはともかくも現在の成人の社会の中で生きてきたので，それが実感とはならないまでも，成人の社会について一定のイメージをもっている。それに反して成人たちの多くは，青年についてのイメージを自分の青年時代から類推しているにすぎない」がために，「現代青年が問題にされるとき，その青年たちは常に被告席に座らされることになる」[9]危険性が高いからである。

　それにもうひとつ確認しておかなければならないことは，定時制生徒は「生徒」であると同時に職業を持つ「社会人」であるということである。一般に青年期は「子ども」の世界と「おとな」の世界の中間的・過渡的段階にあったり，いわば「もうない」と「まだない」のあいだの中途半端な位置を占めるところに特徴があると理解されている[10]。つまり，青年はこどもの世界にもおとなの世界にも帰属せず，コミットしないマージナル・マン（境界人あるいは周辺人）であるということである。その意味で青年期がよく役割猶予の時期（モラトリアム）であり，青年は「モラトリアム人間」だと言われる。仕事（定職）を持たない全日制生徒は確かにこのモラトリアム人間に該当するであろう。しかし，定時制生徒は「生徒」であると同時に「社会人」（＝「職業人」）であるが故に，現におとなの世界にはいって一定の役割を与

えられ，日常の厳しいいとなみの中に身をさらしている。つまり，彼らにとって青年期は役割猶予期ではないのであり，この面から言えば彼らはモラトリアム人間ではないのである。しかし，他方で彼らは，モラトリアムを保障してくれる学校（高校）という社会の中にも身をおいている。その中では彼らはモラトリアム人間として行動するし，社会もまた，高校に在籍しているということで彼らをモラトリアム人間として扱うのである。従って，職業を持つ定時制生徒の場合には，マージナル・マンではあっても，純粋なモラトリアム人間として位置づけることはできないということである。

以上，定時制高校・生徒を考える視点についてその主なものを示してみたわけであるが，次にこれらの視点に基づいて，滋賀県における定時制高校・生徒の実態についてその一端を明らかにし，そこに内包されている問題点や課題についてそのいくつかを示していくことにしよう。

第3節　今日の教育現場の実態－混迷期の定時制教育
1．課題の設定

私は，今日の定時制教育の現場の実態を考えるに際して，便宜上，大きく2つに分けてみたいと思う。ひとつは，授業活動における生徒の実態であり，もうひとつは，授業以外の学校生活における生徒の実態である。もちろん，これだけでは生徒の実態の多くを把握することはもとより不可能である。とりわけ，犯罪「非行」については，学校という固定された枠の中でひきおこされるというよりも，むしろ学校から「解放」されている時間的空間や地理的空間においてその多くが発生している現実を考えれば理解できることである。例えば，性犯罪や交通犯罪あるいは万引き・窃盗といった犯罪行為はそれに該当する。ここでは，特に生徒の中でも，学校教育不適応生徒の実態を意識と行動の面においてとらえることを主なねらいとしている。しかし，最も突出した彼らの犯罪行為や「非行」にだけスポットを当ててそれについて論じるのではなく，それらの逸脱行動をも含めて，幅広い視野から，健全な学校教育を促進していくうえにおいて障害となるような諸問題（逆に，彼ら

の論理からすれば「管理的」学校教育に対するアンチ・テーゼとなるような性質のものかもしれないが）をとりあつかおうと思う。その意味から，時間的・空間的に固定された学校生活とそれ以外の個人生活とを関連づけ，しかもそれらを社会の変動との交点で彼らの実態をとらえることが要請されてくるのであるが，ここでは主として，先に述べた2つの領域における実態の解明に重点をおいてみたいと考えている。

そして，今ひとつ前もって述べておかなければならないことは，彼らの実態を何に基づいて示すのかということである。それについては，私は，わずかではあるが，定時制教育に携った7年間の体験とその間にさまざまな機会（例えば，研究会や協議会，あるいはその他のフォーマルな機会やインフォーマルな機会をも含めて）を通して得られた情報や知識経験をベースにして考察してみることを基本方針として設定しておきたいと思う。また，生徒の意識構造については，滋賀県定通教育研究会が県下の定時制7校（調査対象者1,294人，回答者1,124人，回答率86.9％）と通信制1校（調査対象者200人，回答者192人，回答率96.0％）を対象として，1980年9月から10月にかけて各校で実施した「定時制・通信制生徒の生活と意識の実態調査」[11]（以下「実態調査」とする）を基本資料として活用していくことにする。

2．授業活動における生徒の実態

1）教科活動における生徒の実態

ここでは授業活動における生徒の実態を，教科活動に関するものと，生徒会行事やクラブ活動など教科外活動に関するものとに分け，両者を関連づけながら，特に「問題行動」あるいは「不適応行動」に重点をおいて言及し，同時にそれらの行動の背景にある社会事実や意識について分析してみようと思う。

まず最初に教科活動について見てみよう。これは通常に言うところの授業であるが，ともあれ，これに関する問題行動について見てみることにする。いくつかの具体的な事例をあげることができるが，とりあえず教師の側から見てその程度の軽いものから重いものへという順序で列挙しておこう。もち

ろん，この程度の差は相対的なものである。
（1）授業をするうえで必要最低限用意すべき教科書，ノート，筆記用具等を何度注意しても持ってこない。あるいは，それらを頻繁に紛失する。
（2）特に座学において著しいのであるが，1時間の授業を辛抱して受けることができず，次のようなさまざまな形態の準授業妨害的な行動をとったりする。
　① 1時間中顔をそむけて眠っている。教師の注意に耳を傾けない。
　② 四六時中隣の生徒としゃべりまくったり，奇声を発したりする。
　③ 教師に奇問・愚問を投げかけて授業の進行をはぐらかす。
　④ ガムをかみ，所かまわずはき捨てる。つばも同様にはき捨てる。
　⑤ 教師の発問に対して「そんなもん知るかい」とか「そんなもんわかるかい」といったような不遜な対応を示したり，顔をそむけてふてくされたり，逆に教師をにらみつけたり，また「パス」と言って質問に答えようとしなかったりというように，実にさまざまな形の反応を示す。
　⑥ 授業開始早々，生理現象を訴えて教室を出ていったり，あるいはそのまま教室に帰ってこなかったりする。
　⑦ 席を立って，教室内をうろうろと徘徊する。
　この段階までは，教師の側はともかく，生徒の側にとっては授業妨害という意識は全くないか，あるいはその意識があってもそれは極めて希薄で，教師から注意や指導を受けなければならない程のものではないという観念が強い。そのために教師が注意を与えると，生徒によっては「何も悪いことしてへんやんケー」とか「どこがアカンネー」とか，あるいは「うるさいわい，だまっとれ」「ギャーギャーぬかすな，ワレいてもたろか」とか言って，逆に教師にくってかかることがある。これらのことから理解できるように，この段階で既に教師と不適応生徒との間には授業に関する認識の差異が生じており，そのことによって軋轢までもが生じているのである。
（3）それらが高じてくると，明らかに授業妨害と言える行為に出る。例えば次のようなものがあげられる。

① 授業中に爆竹を鳴らす。
② 教室をロックアウトして教師をしめ出す。あるいは逆に集団エスケープする。
③ 注意や指導している教師に対し威圧的な態度をとったり，暴力を加えたりする。

その他にも学校によっては，いろいろな授業を妨害する行為やそれに準ずるような行為はたくさんあると考えられるが，私の記憶に残っているものだけでもこれだけの実例を即座にあげることができる。この段階になると生徒の側においても，自分たちの行為が授業妨害に該当するのだということを，教師の厳しい指導を受けることによってはじめて認識するようになる。しかし，その認識の度合は極めて希薄なものである。

ところで，不適応生徒が示すこのような行動や行為の背後には，必ず何らかの社会事実やそれによって形成された一連の意識構造が存在するはずである。そこでこれらを解明する糸口をつくるために実態調査のデータ分析を行い，定時制生徒全体の意識動向との関わりの中でそれらをとらえていくことにしよう。

2）定時制生徒の意識構造

ここでまず検討しなければならないことは，（1）定時制への進学の動機，（2）その目的，（3）授業（学習）の理解度，（4）希望（期待）する授業のあり方，（5）学校生活での教師の位置づけ等である。そこで，これらをまず個別に分析し，最後にそれらを相互に関連づけて考察していくことにしよう。なお，「実態調査」における定時制高校分の回答者は，普通科732人（男子180人，女子552人），職業科392人（男子332人，女子60人），合計1,124人（男子512人，女子612人）である。なお，普職差や男女差が小さい場合には全体の％のみを，また，その差が大きい場合にはそれぞれ個別に％を示すことにする。

（1）定時制への進学の動機

最初から定時制を志望している生徒は全体の4分の1にすぎない

（25.4％）。男女別で見れば男子の方が志望率は低く（男子19.7％，女子30.2％），普通科の方が職業科に比べてその差が大きい（普通科：男子15.6％，女子30.8％，職業科：男子22.0％，女子25.0％）。全日制高校を受験した経験のある生徒は，全体では35.9％にすぎないが，これについては，はっきりと男女差がでており，男子の方がはるかに高い（男子62.9％，女子13.4％）。しかも低学年ほど男子の受験率が高くなっている。男女それぞれの受験率で見れば普職差はほとんどない。また，受験経験者のうち全日制高校中退者の比率は29.2％で，男子よりも女子の方が高い（男子26.2％，女子39.0％）が，実数で見れば逆に男子の方が多い（男子86人，女子32人）。普職別では，普通科の方が職業科よりも高くなっている（普通科38.6％，職業科21.4％）。

　これらの調査結果から，定時制への進学の動機については次のようなことが言えるだろう。第1に，もともとの定時制志望者はわずかに4分の1にすぎず，しかも男子のそれは5分の1にも満たない。第2に，男子の約3分の2は全日制高校の受験経験を持ち，そのうちの4分の1以上が中退経験者である。従って，定時制生徒（とりわけ男子）の大半は，受験競争という競争社会での敗北者あるいは落伍者としてのレッテルを，入試時点においてあらためて世間から貼られ，また，自らもそのようなレッテルを貼って入学してきたと言えるであろう。その意味で，彼らは正当な社会的認知を受けられず，入学当初から「被害者意識」を伴う精神的な屈辱を背負ってきていると言えるであろう。ただし，中には人生の再出発への足がかりにしたいという真摯な気持ちで入学してくる中退経験者もいるが，そういう生徒は極わずかである。

（2）定時制への通学の目的

　生徒の通学目的の基本は「高卒」の資格を取ることにある。どちらかといえば女子にその傾向が強いが，普職差や学年差はそれほど大きくはない（全体81.9％…男子76.8％，女子86.1％）。「高卒」の資格の取得をベースにして，「学力・教養を身につけるため」（23.4％），「友人とのつきあいやクラブ活動を楽しむため」（22.6％…普通科25.6％，職業科17.3％），「職務上の資格を得

るため」(15.6%…普通科12.3%,職業科21.7%)などが比較的多い。「ただなんとなく」通学している生徒は18.5%(普通科20.6%,職業科14.5%)で,それほど大きな比率を示してはいない。

これらから,生徒の5分の4強は,「高卒」の資格を取得することを大前提に通学しており,ただなんとなく無目的に通学している生徒は,意外と少数であることが理解できる。ただ,その他の目的についてはかなりのバラつきが見られる。

(3) 授業(学習)の理解度

日常の学校の授業(学習)についていけないと思っている生徒は,「いつもついていけないと思っている」(12.7%),「時々ついていけないと思うことがある」(43.6%)をあわせれば過半になる。普職差はほとんどない。男女差については普職とも女子の方がはるかに高い(普通科:男子47.7%,女子57.6%,職業科:男子55.2%,女子76.6%)。逆に,「あまりついていけないと思ったことはない」と答えたのは22.3%にすぎない。

授業についていけない理由については,「自分の努力が足りないから」(32.5%…普通科34.9%,職業科28.4%)という,いわば自分自身の授業への取り組み姿勢に原因があるとしている生徒が多い。しかし,「先生の教え方に問題がある」としている生徒は26.2%もいる(普通科24.0%,職業科30.1%)。また,「何となく勉強する気がしないから」としている生徒も27.5%いる(普通科32.9%,職業科17.9%)。これらのことから,授業についていけない理由としては,「自分自身の姿勢」「教師の姿勢」「無気力」の3つが主要なものとしてあげられるであろう。

ここで特に問題としたいのは,「教師の姿勢」についてである。というのは,教師は,ある特有の社会的価値によって体系化された文化と,より具体化された行動様式の基準としての社会規範によってつくり上げられており,さらに歴史性を持った伝統によって維持・存続させられている構造化された教育環境の中で,「個人的存在」としての子ども(生徒)を「社会的存在」として形成していくうえにおいて,極めて中心的な関わりを持っているから

である[12]。つまり，教師は直接個人的存在のうえに社会的存在を添加する教育作用に携っているがゆえに，授業においても「教師の姿勢」が生徒の授業に対する姿勢や理解度とも大きく関わってくるのである。

そこで，生徒が教師に対してどのようなイメージを描いているのかということについて2つの角度から分析しておこう。1つは授業のあり方に対する生徒の希望（期待）であり，2つは彼らが学校生活を送っていくうえにおいて，教師をどのような存在として位置づけているかということである。まず前者から見てみよう。

（4）希望（期待）する授業のあり方

最も希望していることは，「わかる授業をしてほしい」ということである。これについては33.7％の生徒が希望しており，男女差よりも普職差が大きい。特に職業科の生徒にあっては4割が望んでいる。それに関連して，「授業時間の終わりに内容をまとめてほしい」と望んでいる生徒は22.0％で，特に職業科よりも普通科に，男子よりも女子の方に希望が多い。また，「授業中はもっと生徒と親しめる態度でのぞんでほしい」と思っている生徒も21.1％おり，これについても前の項目と同じ様な傾向が見られる（表2）。

表2　希望する授業のあり方　　　　　　　　　　　　　　　　　単位：％

項　　目	普通科	職業科	男　子	女　子	全　体
わかる授業	30.2	40.3	35.2	32.5	33.7
内容をまとめる	23.8	18.6	17.4	25.8	22.0
生徒と親しめる態度	22.4	18.6	18.4	23.4	21.1

このように，教師の授業のあり方に対する生徒の希望は，そのままストレートに生徒と教師との関係を規定するものではないが，最小限度言えることは，授業に対するこれらの要望が決して単なる生徒の「甘え」だけから出ているのではないということである。「甘え」という言葉を「責任転嫁」という意味でとらえるならば，確かに生徒たちの授業に対する要望が「甘え」の観点から出されていると理解することも可能である。しかし，それはあくまで教師の側の論理に基づく一面的なとらえ方にすぎない。逆に，生徒の側の

論理からすれば，もともと彼らの多くは「知」的能力の低さや限界についてはある程度自覚している。そうであればこそ，自分たちの能力に見合った授業のあり方を要求してくるのはむしろ当然のことである。この要求は，必ずしもすべてが生徒たちの「甘え」の発想から出ているのではなく，能力の低い者は低いなりに少しでも多くの知識を吸収し，理解を深めたいという，まことに切実な，真摯な発想から出ていると理解する方が，より自然であると考える。生徒のすべてがそうであるとは言いきれないけれども，基本的には生徒はそのように理解していると思ってよいのではないだろうか。

生徒の深層心理を的確に把握して，生徒の希望にそった授業を展開していくということは，低学力の生徒や学校教育不適応生徒を多く抱えた今日の定時制教育においては最善の方法であると私自身は考えているが，「言うは易く，行うは難し」で，なかなかうまく実行できないのが現実である。

しかし，私は，多くの困難な課題の湧出を予測しながらも，このことについて極端に悲観的には考えていない。なぜなら，試行錯誤を繰り返しながらも，今日ほとんどの定時制高校や一部の全日制高校において，「基礎学力補充講座」（呼称は学校によって異なるであろうが）の授業を設けて，国語，数学，英語といった教科の基礎学力を身につけさせることに，関係教師あるいは全教職員が一丸となって取り組んできているという現実があるからである。教職員の生徒に対する「共通認識」を大前提として設置されたこのような講座が，学校によっては大きな成果をあげてきていることはいくつかの研究発表からも理解できるところである。この試みはひとつの試みにすぎないけれども，このような視点を各教科や科目にも拡大して授業を展開していけば，ある程度明るい展望も開けてくるのではないかと思われる。その意味で，教師の側においても，意識の変革や教授法に関する発想の転換が強く求められているとも言えよう。はっきり言えることは，「旧態依然」たる教授法は今日では全く通用しないということである。

次に，生徒が学校生活を送っていくうえで教師をどのような存在として位置づけているかということについて見てみよう。

（5）学校生活での教師の位置づけ

　生徒が学校生活を楽しく送ろうとするうえにおいて，教師は決してそれに対してプラスになるような存在だと思っていないということを指摘しておかなければならない。例えば，学校生活のいやな面について，「いやな先生の授業があるから」と答えている生徒が43.2%もいるということである。この傾向は特に職業科の生徒に著しい。そして，これと表裏の関係にある項目について見てみると，学校生活の楽しい面で，「先生との接触感がもてる」と答えた生徒はわずかに10.2%にすぎないということである（表3）。

表3　学校生活のいやな面・楽しい面（理由）　　　　　　　　　　　　単位：%

項　　目	普通科	職業科	男　子	女　子	全　体
いやな先生の授業があるから	36.2	56.4	45.3	41.5	43.2
先生との接触感がもてるから	11.3	8.2	9.6	10.8	10.2

　これを中学生時代の教師観と比較してみるとどういうことが言えるだろうか。まず，「親しめる先生が多かった」と答えている生徒は40.7%で，職業科よりも普通科，男子よりも女子の方が，教師に対する親近感は強かったと言える。しかし，「親しめる先生があまりいなかった」と答えている生徒が38.8%，「いやな先生が多かった」と答えている生徒も20.5%おり，教師に対する親近感はすでにこの段階で薄れていく傾向を呈していたと言えるだろう（表4）。

表4　中学生時代の教師観　　　　　　　　　　　　　　　　　　　　　単位：%

項　　目	普通科	職業科	男　子	女　子	全　体
親しめる先生が多かった	45.1	32.4	33.6	46.6	40.7
親しめる先生があまりいなかった	37.3	41.6	40.8	37.1	38.8
いやな先生が多かった	17.6	25.8	25.2	16.5	20.5

　その傾向が，彼らおよび彼女らが高校生となってますます助長されてきたと考えることができる。例えば，教師との関係について，「よい」と答えている生徒はわずかに15.7%で，逆に，「よくない」と答えている生徒は25.1%にもなっている（表5）。

表5　教師との関係　　　　　　　　　　　　　　　　　　　　　　　　単位：％

項　　　目	普通科	職業科	男　子	女　子	全　体
よい	18.0	11.2	13.9	17.2	15.7
よくない	23.1	28.8	26.2	24.2	25.1

　この3つの調査項目を相互に関連づけて考えてみると，次のようなことが言えるだろう。生徒の多くは中学生時代においては，まだ教師に対してかなりの親近感を持っていた。ところが，高校生として彼らおよび彼女らの教師を見る眼は大きく変わってきた。次第に親近感が薄れ，敵対感情が高まり，対立関係が徐々に深まってきているように思われる。その要因としては，いろいろなものが考えられるが，私は最も大きな要因のひとつとして，今日の流動化社会の影響をもろに受けている生徒が，意識，認識の仕方，思考様式，行動様式といった面で，どのように変容してきているかということを，教師集団がその根本的なところを的確に把握しきれていないということをあげざるをえない。

　一例として，教師集団と生徒との「認識の仕方」の差異について見てみよう。教師集団内部において年齢格差に伴う「経験の先有」の面で大きな異和感が存在することは認めなければならないが，既して教師は，活字メディアを通して個々の断片的な情報をひとつひとつ順々に受け入れ（林雄二郎はこのことを「一次元的な情報の授受」[13]とよんでいる），それらを「論理」のひもで結びつけて，「知識」としてたくわえてきたと言える。このようにして獲得した「知識」を，教師は生徒に対して，教科（科目）を通じて注入しようとしているのである。ところが，今日の生徒は映像メディア，とりわけテレビによっていろいろな情報を同時に吸収している（＝「多次元的な情報の授受」）。しかも，それらの情報が映像によってパターン認識されながら頭の中にはいっている。つまり，生徒は，論理的に判断し，認識し，理解するというよりも，むしろ一切のものを感覚で判断し，感覚で認識し，感覚で理解する，そういう人間としてとらえられる。林雄二郎の言葉を借りれば，そのような人間は「感覚人間」，より正確には「感覚的論理主義の人間」ととら

えることができるし，それに対して，教師は「論理人間」(「論理的論理主義の人間」) としてとらえられる[14]。この人間レベルでのギャップと学校教育が典型的な論理教育であるという現実とがあいまって，生徒と教師との対立関係が深まっているとも考えられる。

今ひとつ指摘しておきたいのは，生徒の論理において，授業のわからない教科 (科目) と担当教師とをマイナス・イメージでストレートにとらえてしまうということである。この傾向は，相対的に職業科および男子生徒に強く認められる。

これらのことから，生徒の教師に対する対立意識を緩和させるためには，最も接触の多い授業において生徒の要求を教育の根本精神を崩さない範囲で受け入れ，しかも社会の流れや情勢に「埋没」するのではなく，「適応」していくという柔軟な姿勢を意識や行動の面においてとっていくことが教師の側にも要請されるだろう。

次に，これらのことをふまえて，生徒の教科外活動に対する対応について概観しておこう。

3) 教科外活動における生徒の実態

ここでいう教科外活動に当てはまるものは，学校主導型の学校行事，生徒主導型の生徒会活動 (体育祭，文化祭など)，あるいはクラブ活動などである。ここでは生徒会活動およびクラブ活動における生徒の対応を中心に見ておこう。

まず，生徒会活動においては，圧倒的にノン・コミットメント型の生徒が多い。例えば，体育祭，文化祭，その他の生徒会行事において，ある程度主体性を持って活動するのは生徒会役員の一部のメンバーだけで，他の大半の生徒は「われ関せず」式の傍観者的な対応を示す。意識の面においても，生徒会活動に「大いに関心がある」と答えているのはわずかに5.6％にすぎない。それに対し，「関心がない」と答えている生徒は44.5％もおり，特に職業科の男子に多い (普通科39.6％，職業科53.6％，男子51.6％，女子38.6％，職業科男子57.2％)。また，生徒会活動に関心を持っているのは上級生 (特

に4年生)で，これは生徒会役員の多くが上級生であるという現実と結びつけられるだろう。

　他方，クラブ活動においては，生徒はそれなりに意義を見い出していると言える。例えば，「あなたにとってクラブ活動とは何ですか」という質問に対して，「体力の増進や趣味を深める時間」(43.7％)，「緊張をほぐし，自由に活動する時間」(20.6％)というように必ずしも積極的にとは言えないが，一応有意義なものとして位置づけており，「休息，ひまつぶし」(18.0％)と考えている生徒は少数派である。

　以上，教科活動における生徒の対応については5つの項目について，また，教科外活動のそれについては2つの項目について見てきたが，これらのことから最小限度次のことは言えるであろう。定時制生徒の大半は，「高卒」の資格を取得するために，やむをえず希望もしていなかった定時制高校に入学した。ところが，入学してはみたものの「自分自身の姿勢」や「無気力」，あるいは「教師の姿勢」等のために授業についていけなくなり，その結果，授業に対する不満や，ついていけないことのあせり，イラダチが高じて，直接教科（科目）と関わりをもつ教師との間に深い亀裂が生じ，それが授業においてはさまざまな形態の「問題行動」や「不適応行動」となって表出し，他方で，生徒会行事に対しては，多くの生徒がノン・コミットメント型の反応を示しているということに結びついていると考えられる。この傾向は，とりわけ職業科の男子生徒に強く認められる。

　なお，定時制生徒の意識や行動様式における全体的な特徴については，次の授業以外の学校生活における生徒の実態を分析した上で，改めて総合的に考察してみようと思う。

3．授業以外の学校生活における生徒の実態

　このことについては，いろいろな角度から現実を透視することによってその実態を探ることができる。例えば，(1)言語あるいは言葉使い，(2)服装や頭髪などにおけるおしゃれ（ファッション），(3)生徒の関心事や共通の話題などを分析することによって，生徒の実態の輪郭を描き出すことは可

能である。以下で，これらの項目について考察していこう。
（１）言語あるいは言葉使い
　この件に関しては，まず２つのことが指摘できる。１つは，文章にならない言葉での対応の仕方と陰語での会話である。幼児の言語教育の専門家である国立国語研究所国語教育研究室長の村石昭三は，言語にはつきあいことばやあいさつ用語やおしゃべり用語としての「交際言語」と，話の筋道をよくつかむ言語や考えながら話す物腰としての「思考言語」とがあると述べている[15]。これは幼児期の子供について述べられているけれども，このことを定時制生徒の言語についても適用して見てみると，まさに「交際言語」や「思考言語」が正の方向に機能していないように思われる。
　２つは，生徒の教師に対する言葉使いは，教師と対等もしくはそれ以上で，きわめて疎略であるということである。このことの意味するところのものは，それほど単純にとらえることはできないように思われる。つまり，学校という教育社会や，その具体的対象としての教師集団に対する単なる反発・反抗の反映だけではなく，彼らなりに社会生活に参加したいという願望へのあらわれであるとも受け取れるということである。再び村石の言葉を引用してみよう。「幼稚園にはいって急にことばが乱暴になるのは，集団からつまはじきされないための同調です。また乱暴者に対する自衛です。流行語や，コマーシャルを使ってみたがるのも，ことばで社会生活に参加したい幼児の一つの姿だといえます……。話せない子，話をしない子，人の話を聞かない子など，ことばから遠ざかる子は，やはり社会生活からはずれた子どもだというべきです」[16]。このことを定時制生徒に適用してみると，生徒の多くはさまざまな疎外要因を背負って入学している。そのため高校では疎外されたくないという心理，つまり，自己防衛機能が生徒集団の中において，あるいは教師集団に対して強く働いて，言葉が乱暴になったり疎略になったりするということである。そのうえに，「交際言語」や「思考言語」がマスターできていないという「言語疎外」要因が付加されて，一層複雑な状況を呈しているということである。

（2）服装や頭髪などにおけるおしゃれ（ファッション）

　服装については，特に男子生徒であるが，原色を主体としたケバケバしい服やニュー・ルックを身につけたり，パーマや染色，そりこみをほどこしたり，まゆ毛を削りおとしたり，アイシャドーやイヤリングをつけたり，女性用のハキモノをはいたりしている。しかもそれは，「問題行動」や「不適応行動」を繰り返している男子生徒に多く見られる。つまり，自分という存在を学校社会の中で正当に認めてもらえない生徒が，学業面での劣等感を補完するために行っている一種の「自己顕示欲」を満たすための行為であると私には思える。もう少し広い視点から見れば，それは高校生の生徒文化の一種であるとも言える。武内清は，高校生の生徒文化には大きく分けて，勉学志向文化，遊び志向文化，非行下位文化の三種類があって，日本の場合，遊び文化や非行文化は勉学からの離脱・落ちこぼれた生徒に優位な文化だと述べている[17]。

　つまり，遊び文化と非行文化は概念的には全く別個のものとしてとらえられるが，しかし，この両文化が形成される基底的要因は一本の糸でつながっている。それは，日本の教育社会では競争原理が過度に機能する中で，学業成績のよいこと（とりわけ数学や英語に強いこと）が第一であり，勉強とは離れた分野での生徒の活動はあまり正当に評価されないという現実からの一時的な逃避や離脱の結果であり，また，それへの反抗であるということである。

　しかし，これを不適応生徒の視点から見れば，今日の管理社会状況に組み込まれ，しかも既成の価値基準や価値体系に基づいて形成されているおとなの文化（＝成人文化）に対するアンチ・テーゼとしての「脱」文化としてとらえることができる。このことについての今少し詳しい考察は，次の項目との関連で行うことにしよう。

（3）生徒の関心事や共通の話題

　「実態調査」によれば，生徒が最も関心を持ち，しかも共通の話題としているものは，「異性」（44.2％），「服装・髪型」（36.6％），「車・オートバイ」

(34.7％) である。これをより詳細に見てみると,「異性」については職業科よりも普通科,男子よりも女子の方が関心は高い。「服装・髪型」についても「異性」の場合と同じ傾向が見られる。ところが,「車・オートバイ」に関しては前二者と全く逆の傾向が見られる（表6）。

表6　生徒の関心事や共通の話題　　　　　　　　　　　　　　　　単位：％

項　　　　目	普通科	職業科	男　子	女　子	全　体
異性	48.5	36.2	37.7	49.7	44.2
服装・髪型	42.5	25.5	20.1	50.3	36.6
車・オートバイ	23.5	55.6	58.6	14.7	34.7

他方,「勉強」および「政治・社会問題」については極めて関心が低く,それぞれ6.4％,4.5％しかない。この調査結果から次のようなことが言えるであろう。彼らが勉強に関心を示さないのは,既に見たように,授業がわからないとか授業についていけないという「事実」と,それに対する教師集団の対応の不十分さの反映であり,それは同時に,地道で継続的な努力の結果として得られるアイデンテイティの確立の放棄でもある。また,「政治・社会問題」に関しても,それらを自分との関わりにおいてとらえようとしないか,あるいはとらえることができないことの反映であると思われる。C.W.ミルズの言葉を借用すれば,「個人環境に関する私的問題」と「社会構造に関する公的問題」とを関連づけて理解できる能力（＝社会学的想像力 sociological imagination[18]）を持ちあわせていないことの結果であるとも言えよう。

それはともかくとして,彼らが最も関心を示し,共通の話題としているものに共通する点は,彼らにとって最も身近に存在するものであり,しかも刹那的享楽主義の対象となるものである。しかし,それらは一歩方向をまちがってつきすすめば犯罪非行につながるものでもある。だが彼らは,そのような方向にすすむ可能性が潜んでいるということを意識するとしないとにかかわらず,「現在」という時間的空間にある種の生きがいを見いだしていることもまた事実である。その意味では,彼らは思考様式,行動様式において現

在主義的であるとも言える。

　そして,今ひとつ言えることは,同じような困難な状況におかれ,同じような不適応現象に遭遇している者が,共通の関心事や話題を契機として,インフォーマルな友人グループという形の仲間集団をつくり,既存の役割期待から離脱した新しい下位文化(「脱」文化や反抗文化)を形成しているということである。このような形で形成された下位文化は,多分に自己閉鎖的で反社会的・非社会的なものであっても,それは既存の社会的枠組みから「解放」された「自由」の世界(それは結局,「幻想」の世界にすぎないけれども)の中で彼らのアイデンティティを確立していく場やチャンスを提供してくれる。しかも,このような下位文化は,学校という空間的枠組みの中においてよりも,むしろ,そこから離れた地理的空間や時間的空間,あるいは精神的空間の中でその多くが形成されている。例えば,竹の子族などの非社会的集団,暴走族集団や万引集団や女子の非行集団(売春など)という反社会的集団およびその文化はまさにその典型である。そしてまた,このような状況の中で確立された彼らのアイデンティテイも,極めて一時的なもので,しかも「おとなの文化」のコピー版にすぎないということである。そのことを端的に示している一例として,『読売新聞』(1981年6月27日付)に掲載された暴走族に関する記事を取り上げておこう。

……オートバイのどこがおもしろい？
　「なんてったってあの排気音だね。」「マシンはウソをつかないからね。オレの思う通り走ってくれるし,とにかくオレに素直なわけ。」
……"族"の魅力ってなに？
　「規律かな。新入りなんてピリピリしてるよ。一糸乱れずってのがいいんだなア。」
　「仲間意識だね。同じカマのメシを食う楽しさは,学校なんかじゃ味わえないから。」「オレたちそんなに長く"族"にはいないつもりだよ。自分でもハシカみたいなもんだと思ってるもん。」

第4節　「脱」文化・反抗文化と序列優先の社会

　精神医学・精神分析学の専門家である小此木啓吾は，最近の日本社会における共通の特徴のひとつとして，「現実感の希薄化」をあげている。つまり，本人の意識しているものと，現実とのあいだにギャップがあり，その溝のあり方でさまざまな症状が起きているということである[19]。現代青年の「脱」文化や反抗文化の形成もそれと大きく関わっていると言える。高橋勇悦は，ニュー・ヤングの「脱」文化の特質として次のようなものをあげている。①社会生活に対する無関心・無関係，②役割・帰属意識の希薄さ，③アイデンティティの未成熟＝幼稚性（子どもっぽさ），軽躁性（軽やかなにぎやかさ），転身性（移り身の早さ），④「自由」を前提とする「遊び」（＝「ごっこ」），⑤感覚的・情緒的，⑥移動や変身を好み，離脱（社会生活からの）の中の離脱（私的生活，日常生活からの）を指向[20]。

　これらの特質の多くを今日の定時制生徒の多くの者（「不適応生徒」をも含めて）が持っていることは，今まで考察してきたことからも明らかな「事実」として指摘することができよう。

　ここで問題としなければならないのは，「職業人」（＝「社会人」）であると同時に「生徒」（＝モラトリアム人間）としての地位にある彼らが，自分たちの「脱」文化や反抗文化を形成する場合，社会的背景（＝職場での彼らの位置づけやそれに関連することがらがその中心となる），家庭的背景（親の子に対する対応や期待の仕方），教育的背景（学校教育，教育行政等）などが，それぞれの文化の形成とどうかかわっているかということを解明することである。

　まず最初におさえておかなければならないことは，日本の社会は「序列偏重社会」であるという現実を認識することである。中根千枝によれば，日本社会における根強い偏重は，私たちの日常生活においても遺憾なく発揮されている。このような序列優先の社会では，私たちは序列の意識なしには席につくこともできないし，しゃべることもできない（敬語のデリケートな使用，発言の順序・量などに必然的に反映される）。つまり，日本の社会では，序

列という基準が極めて弾力性・限界性をもって，他の規準に対して譲歩しうるのではなく，社会生活におけるあらゆる人間関係を支配するというほどの機能を持っているということである[21]。

さらに中根は，「日本の『タテ』の上向きの運動の激しい社会では，『下積み』という言葉に含まれているように，下層にとどまるということは，非常に心理的な負担となる。なぜならば，上へのルートがあればあるだけに，下にいるということは，競争に負けた者，あるいは没落者であるという含みがはいってくるからである[22]」と述べているが，この指摘は，今日の定時制生徒の多くの者の心理状況にもあてはまるように思われる。

教育の世界においては，既に見たように，点数主義や「入試歴」主義を背景にした「能力」主義によって，学校間のランク付けが定着し，学校間格差が厳然たる現実として存在している。そのような状況の中であえて定時制高校に進学しなければならないという事実は，最初から勤労と勉学の両立をめざして入学してきた生徒にとってはともかく，全日制高校中退者や全日制受験失敗者にとっては，競争社会の「落伍者」以外の何者でもないという意識が否応なしに彼らの心の中にうえつけられる。

また，彼らが自分たちの職業や職場についてどのような社会的位置づけをしているかということ，および，その職場の中で自分自身をどう位置づけているのか，というようなことについてもかなり多くのマイナス要因を含んでいるように思われる。具体的に「実態調査」に基づいて見てみよう。まず，彼らが現在の仕事についた動機について見てみると，「高校に行けるから」（34.3％），「ただ何となく」（25.2％）というのが多く，特に前者においては普職差，男女差が極めて大きい。ところが，後者についてはその差はほとんどない。それに対して，「自分の好みに合う」と答えた者は16.4％にすぎない。しかし，これについても普職差，男女差は極めて大きい（表7）。このように仕事についた動機だけについて見てみると，全体的には就職の動機に今ひとつあいまいさを含んでいるが，その中にあって，どちらかと言えば職業科の生徒の方が普通科の生徒よりも，女子よりも男子の方が，その動機が

よりはっきりとしていると言えよう。

表7 仕事についた動機　　　　　　　　　　　　　　　　　　　単位：％

項　　　目	普通科	職業科	男　子	女　子	全　体
高校に行けるから	45.6	13.3	18.4	47.7	34.3
ただなんとなく	25.5	24.5	25.2	25.2	25.2
自分の好みに合う	9.7	28.8	24.2	9.8	16.4

また，動機との関連で，現在の彼らの仕事に対する観念（勤労観）について見てみると，「ただお金を得るための手段としてわりきって従事している」と答えた者は36.5％，「仕事の内容がつまらなく誇りをもつことができない」と答えた者が16.1％となっている。これらの回答は，勤労意欲や勤労に対する誇りや満足の観点からいえば明らかに否定的なものであって，それが5割強を占めるということである。それに対して，「今の仕事を大変誇りに思い生きがいを感じている」（10.0％），「つらいこともあるが世の中のためになるので続けている」（29.0％）という肯定型は4割に満たない（表8）。このように勤労観に関しては，否定型は普通科の生徒および女子に多く（ともに6割弱），逆に，職業科の生徒は自分の仕事にそれなりの誇りを持っている者が多いという結果が出ている。

表8 仕事・勤労観　　　　　　　　　　　　　　　　　　　　単位：％

項　　　目	普通科	職業科	男　子	女　子	全　体
ただお金を得るための手段	40.6	28.8	31.3	40.8	36.5
内容がつまらなく誇りがもてない	18.3	12.0	13.9	18.0	16.1
誇りをもち生きがいを感じている	6.3	16.8	14.5	6.2	10.0
つらいこともあるが世の中のため	27.9	31.1	26.0	31.5	29.0

この両者の差異が何に起因しているかと言えば，そのひとつには職種の違いにあると思われる。つまり，職業科生徒の約3割（29.3％…男子34.0％，女子3.3％）は従業員規模10人以下の個人経営企業に働いているが，専門的・技術的な職種に就いている者は38.3％（男子33.1％，女子66.7％）もいる。それに対して，普通科生徒の7割強（72.7％…男子43.9％，女子81.1％）

は従業員規模101人以上の大企業に勤務しているが，しかし，その職種においては72.1％（男子41.1％，女子82.2％）が技能工・生産工程作業者であるというように，単純作業を基底とした分野で働いている。この調査結果から，たとえ経営規模は小さくとも，生徒にとっては自分の専門的能力や技術が生かせる職場であれば，それだけ自分の仕事に誇りや生きがいを持つことができるが，逆に，いかに経営規模が大きくとも，その場における自分の存在が容易に他ととりかえ可能な一個の歯車としての存在にしかすぎない場合には自分の仕事に誇りを持つことができないという現実を理解することができるし，また，相対的にではあるが職業科生徒よりも普通科生徒の方が職業の面において挫折感が大きいと言うこともできよう。

　このように，教育，職業の2つの領域において，定時制生徒の多くは，序列優先社会の厳しい現実に直面して，将来に対して自信を喪失したり挫折感を抱いたりして，心理的に非常に大きな負担を背負って生きているように思われる。おそらくこれらのことが遠因となり近因となって，彼らは毎日を不安とイラダチの中に送っているとも考えられる。「毎日の生活が単調である」（38.7％），「何かやってみたいが，それが何かわからない」（33.5％），「自分の将来に見通しが持てず不安である」（19.8％）と答えている者は，実に92％にも及ぶ。競争社会での敗北感を背にして，いかに潤いのない，無味乾燥な日常生活を送っているかがここから明確に読みとれる。

　ところが，彼らのおかれた厳しい「現実」や心理状況とは裏腹に，彼らの親や家族の人びとは彼らに対して将来に少なからぬ期待をかけているという「現実」が他方において存在している（「期待しすぎると思う」9.1％，「期待している」58.9％）。

　この2つの「現実」の間にはさまれて，生徒の多くはジレンマを感じ，悩んでいるのである（80.5％）。とりわけ職業科よりも普通科，男子よりも女子に悩みは多い（普通科87.3％，職業科67.9％，男子69.5％，女子89.7％）。その主な内容は，「自分自身のこと」（26.7％）であり，「将来のこと」（24.9％）であり，「異性のこと」（18.2％）である。しかし，自分の悩みを誰

れかに相談するのは63.0%にすぎず，しかもその相談相手は友人（72.7%）であって，教師（2.8%）や父親（3.5%）ではない。

この現実あるいは実態が，「脱」文化や反抗文化を生み出している非常に大きな要因になっていると私には思える。結論的に言えば，序列優先の社会がその源泉となり，教師不信，父権喪失あるいは母親の過干渉や溺愛が主な〈きっかけ要因〉となって「脱」文化や反抗文化が生まれていると言えないだろうか，ということである。社会，教師，父親，母親に対するアンチ・テーゼが「脱」文化や反抗文化を形成しているのである。しかし，その「脱」文化や反抗文化も，所詮は「おとなの文化」の裏焼きにすぎない。それらは先の暴走族の例で見たように，おとな社会をモデルにした「箱庭」の中でのミニチュア文化に他ならない。従って，それは容易におとな社会の文化に迎合する資質を持つものである。

このような現実に対して，家庭，学校，行政等はどう対処してゆけばよいのか，あるいは将来の展望に対してどのような課題が横たわっているのかということについて最後に考えておこう。

第5節　定時制教育の展望と課題
1．今日の定時制高校の存在意義

もともと定時制の課程は，中学校を卒業して勤務に従事するためなど，いろいろの理由で全日制に進めない青少年に対し，高校の教育を受ける機会を与えるために設けられた制度である。ちなみに，定時制課程は1947年3月31日に公布され，翌48年4月1日から施行された学校教育法により設けられた新しい学校制度であり，その前身は，昭和18年度に設けられた夜間の中等学校である[23]。そして，新学校制度創設の基本方針が日本国憲法第26条で保障され，さらに，教育基本法（1947年3月31日施行）第3条において「すべて国民は，ひとしく，その能力に応ずる教育を受ける機会を与えられなければならない……」という規定に示されている教育の機会均等の精神に基づくものであることは多言を要しない。

ただ，ここで基本的におさえておかなければならないことは，定時制課程設置の本来的な目的は，進学するだけの能力は十分にありながらも経済的な事情や家庭的な事情によってやむをえず就職をしなければならない生徒のうち，特に向学心に燃えた生徒に対して教育の機会均等を保障することにあったということであり，決して全日制高校受験失敗者や中退者を拾いあげる受け皿を目的として設置されたものではないということである。

　歴史的に見れば，この精神がある程度十全に発揮されたのは昭和20年代後半である。特に学校数は，昭和29年度において独立校375校，併置校1,483校，分校1,350校，計3,208校で最高となり，生徒数は，昭和28年度において57万人で最高となる。それ以後は年々減少の過程をたどり，今日にいたっている。そして，今日では既に見たように，学歴社会あるいは入試歴社会という競争社会の風潮の高まりの中で，定時制課程設置の基本精神が極めて歪曲された形で機能し，それに伴って高校教育の中での定時制高校の位置づけも大きく変容してきたのである。

　「実態調査」の結果からも明らかなように，今日の定時制高校というのは，入学してくる生徒本人にとっては，タテマエのうえでは「入りたい高校ではない」のであるが，現実は「入らざるをえない高校」なのである。また，父母や中学校の教師（あるいは中退者を送り込む全日制高校の教師）にとっても，タテマエのうえでは「入れたい高校ではない」のであるが，現実は「入れざるをえない高校」なのである。このように生徒本人，父母，中学校（あるいは一部の全日制高校），教師にとって定時制高校というのはタテマエと現実との間に非常に大きなギャップを持った存在として位置づけられている。つまり，彼らにとって定時制高校とは「落ちこぼれた」生徒，あるいは「落ちこぼした」生徒を受け入れてくれる「最後の砦」であり，その意味で「落ちこぼれ」「落ちこぼし」の免罪符を与えてくれる「ありがたいところ」なのである。

　他方，受け入れ側の定時制高校の教師集団にとっては，とりわけ「でも・しか」入学者（経済的・家庭的事情によってではなしに，能力的に見て全日

制高校への進学が無理だから。「でも，『高卒』の肩書が欲しいので定時制へでも行っておこう」とか，あるいは「定時制しか行けない」という生徒）は，タテマエでは「入れたくない生徒」なのであるが，定員枠の関係等によってやむをえず「入れなければならない生徒」であり，「入れざるをえない生徒」なのである。このように，受け入れる側においてもタテマエと現実との間には大きなギャップが存在しているのである。

　それに関連して，「入ってくる」側あるいは「送り込む」側の定時制高校に対する認識と，「受け入れる」側のそれとの間のギャップが問題である。それは，今日の定時制高校とは生徒にとって「最後の砦」であり「免罪符の交付所」であるという「状況論的認識」と，そうではなくて，あくまでも勤労を主体にしてしかも向学心に燃える生徒のみを受け入れるところであるという「本質論的認識」との間のギャップとしてとらえられる。

　これらのギャップの存在が，今日の定時制教育における諸々の困難な状況を醸し出しているとも考えられるし，また，視点をかえれば，今日の教育行政のあり方がそれらを助長しているとも考えられる。教育行政に関する問題点はいくつかあげられるであろうが，特に重要だと思われるのが定員（1学級当たり）の適正規模の問題であり，入試制度の問題である。これらの問題は定時制だけでなく，全日制をも含めた全体的視点から考えられなければならない問題である。定時制教育に対する状況迎合的な発想と，それに基づくところの一連の行政指導については十分に考えてみる必要がある。

　前者については，今日の学校教育が人格形成の重要な場であり，その一翼を担っているという大方の認識のもとに，「どの子にもわかる教育」という方向性をもって行われているという現実との関わりで考えてみる必要がある。だが，定員の適正規模については，さまざまな団体や組織から強い要望が出されているが，施設・設備の拡充・拡大や教職員の増員等に伴う財政的な問題が大きくからみあって，遅々として進展していないのが実情である。

　しかし，後者の問題，すなわち入試制度については前者よりも改善が容易であると考えられるし，教育の機会均等の保障および定時制に対する歪曲し

た認識や蔑視観を克服し、定時制本来のあり方を再認識し、高校教育における正しい位置づけを促すためにも是非ともやらなければならない課題だと考える。

今日の滋賀県における入試制度を見てみると、全日制に対する対応の仕方と定時制のそれとの間に行政的「差別」とでもいうべき非常に大きな不合理が存在している。それに関して2点指摘しておこう。第1の点は、入試日が全日制と異なり、しかも意図的に全日制の合格発表が終ったあとにそれが設定されているということである。この入試日の差異の「正当性」の根拠はいったいどこにあるのであろうか。おそらく教育行政側は、次のような論理に基づいてその「正当性」を主張するであろう。つまり、「全日制高校への進学志向や進学率が極めて高い今日的状況において定時制を専願する生徒はほとんどいない。従って、全日制と同一期日に入試を実施しても意味がない。また、他府県から本県の各企業に就職してくる中学校の卒業生たちに進学を保障するには日をずらした方がよい」というものである。この論理は、入試日だけに限定してみれば確かに一理あるように思われる。しかし、これを第2の点、すなわち第2次募集あるいは第3次募集との関わりの中でとらえてみればはたしてどうであろうか。現在、定員割れに伴って第2次募集あるいは第3次募集を行っているのは定時制だけである。全日制においてはこれまでたとえ定員割れがあっても第2次募集は実施してこなかった。このことの矛盾については同和教育関係機関からも再三再四にわたり指摘があったが[24]、別の視点からとらえてみても、全日制と定時制との間にこのような差異を設けることについては何らの「正当性」も見出しえない。教育の機会均等の保障の理念からすれば、定員枠に余裕があれば全日制・定時制を問わず、等しく第2次募集を実施すべきである。ただし、このことは必ずしも定員を満たさなければならないということを意味するのではない。それは、「点数化」や「数値化」による入学制度の「公平さ」に基づいて対処すべき事柄であって、両者は次元を異にする。このように2つの点を総合的に考えれば、第1の点（入試日）における教育行政側の論理は、全くその「正当性」の根拠を

失うことになる。

　従って，入試日を全日制・定時制とも同一にし，また，定員割れの場合には全定とも第2次募集を実施することになれば，少なくとも定時制は全日制の受け皿的な補助機関ではないということが再認識される可能性も出てくるであろう。ただし，このことによってすぐに定時制が高校教育の中において正しい位置づけを獲得するということにならないことも今日的状況の中では十分に理解できることである。しかし，教育制度の現実的改革を通じて人びとの意識や認識を変革させていくことは，長い眼で見れば今後の学校教育にとってプラスにこそなれ決してマイナスにはならないであろう。その意味で，教育制度の現実的改革は，定時制高校に対する社会的（「世間的」）再認識と，高校教育体系の中での本来的な位置づけとに対してひとつの主要な指針を与えてくれるように私には思われる。

2．教師に望まれる父性原理の日本的適用

　だが，教育制度の改革だけでは今日の「教育の荒廃」は解決されえない。それは解決へのひとつの方向性を示唆してはくれるが，根本的な解決を与えてくれるものではない。「教育とは，社会生活においてまだ成熟していない世代に対して成人世代によって行使される作用であり」，また，「教育の目的は子どもに対して全体としての政治社会が，また子どもがとくに予定されている特殊的環境が要求する一定の肉体的・知的および道徳的状態を子どもの中に発現させ，発達させることにある」[25]とするならば，「未成年者の体系的社会化」[26]に対して中心的役割を担っている，あるいは担わなければならないのは教師集団であるということになる。その意味で，生徒の心性や教師集団の生徒に対するあり方が問題とされてくるのであるが，しかし，その心性やあり方そのものも，日本の社会や文化の特性に大きく左右されるものであり，また，それの反映であることも同時に認めなければならない。

　河合隼雄は，臨床心理学の立場から人間の心性や社会・文化には多くの相対立する原理が働いているが，その中でも父性と母性の原理の対立はまことに重要であり，この対立する原理のバランスの取り方によって，その社会や

文化の特性がつくり出されてゆくと考えている。そして，日本の社会や文化は母性原理優位の社会であり，また母性文化であって，それが人間の心性に反映しているととらえている。

河合の言う母性原理とは，「包含する」機能によって示されるものであり，また，母性原理に基づく倫理観は，母の膝という場の中に存在する子どもたちの絶対的平等に価値をおくものであって，それは言いかえれば，与えられた「場」の平衡状態の維持に最も高い倫理性を与えるものである（＝「場の倫理」）。だが，それと相対立する父性原理は「切断する」機能にその特性を示し，子供をその能力や個性に応じて類別する。それ故，父性原理に基づく倫理観は個人の欲求の充足，個人の成長に高い価値を与える（＝「個の倫理」[27]）。

この相対立する２つの原理が，過去および現代において日本の教育社会あるいは学校社会の中でどのように機能してきたのか，あるいは現に機能しているのかを知ることは，今日の「教育の荒廃」の根源を知ることにつながり，それがひいては今日の定時制高校における学校教育不適応生徒や問題行動のある生徒の心性や，彼らが形成する下位文化としての「脱」文化や反抗文化をより適切に理解できることにつながると思われる。

従って，これまで各箇所で指摘してきた諸々の問題点や課題を，これらの原理の機能形態から今一度総合的にとらえなおし，将来の展望に向けての方向性を提示しておこうと思う。

「能力主義か平等主義かということは，現在のわが国の教育界における重要な課題である」[28]と河合は指摘しているが，私自身もこの両者のジレンマが，今日の日本の教育社会における混乱の主要原因になっていると考えている。それは，どちらによりウェイトをおくのかという準拠の枠組み設定に関する混乱の結果でもある。教育の機会均等の促進，それに伴う高校教育および高等教育享受者の大幅な増加といった面に見られる戦後日本の教育の「民主化」を推し進めていくうえで大きな役割を担ったのが，母性原理に基づく平等性であったことは事実であろう。しかし，この「平等性」に基づく教育

の「民主化」は，能力差の存在の肯定を背後に持った西欧の民主主義とは相当異なって，むしろそれを否定するか，あるいはできるだけ能力差の問題には眼を閉じていこうとする傾向性を帯びて進められてきた。この能力差の意識的・意図的な否定，すなわち「平等信仰」[29]が教育界の今日的な混乱のひとつの，しかも大きな原因になっていると考えられる。

　また，戦後の「民主」教育は，子どもの自立性や自主性の尊重を題目としてかかげてきたけれども，これも日本的な母性原理によるものであったがために，父性を欠いた教育が優勢となり，西洋のそれとは非常に異なった甘いものとならざるを得なかったのである。しかも，公の教育があまりにも一面化し，その補償機能をそれ自身の中に持たなくなったがために，今日の「教育の荒廃」がもたらされたとも考えられるのである。

　そのうえ，今ひとつつけ加えておかなければならない重要なことは，現実の日本の社会が序列優先のタテ社会であるにもかかわらず，「場における序列の一様性」にあまりにも重点を置きすぎるがために，能力差や学力差に基づく評価が，その個人の全体的な評価にそのままつながってしまい，それが，結局，人間の存在価値にまでつながってしまうところに大きな問題点が存在するということである。「平等信仰と一様序列性が結びつくとき，実に多くの人に，みじめさや劣等感コンプレックスをもたせることになる」[30]と河合は指摘しているが，生徒たちが形成する「脱」文化や反抗文化もそれに対する一種の補償機能の結果であると考えることもできる。しかも，その補償機能が概して後ろ向きの姿勢で果たされ，個性を生かした創造性に結びつかないところに問題がある。

　そこで河合は，「教師が『劣等感をもたせない』ことを配慮して評価をあいまいにするとき，かえって問題が生じてくる。しかも，教師が表向きは，評価を下さないとか，皆平等であると言いつつ，背後では日本的序列性に拘束されていて……そのような見方で生徒を見ているとき，これは劣等感コンプレックスを培養するための好条件なのである」がために，「生徒に対して，もしわれわれ教育者がその学力や能力の劣等性を確実に指摘するとするなら

ば，そのことがその個人の人間としての尊厳性とまったく無関係であることを，われわれ自身が腹の底まで納得している必要がある。ある能力に劣る点があるとしても，あるいは，能力差の存在を肯定するにしろ，それを主張する教師自身が創造的に生きていることが必要となってくる」[31]と述べているが，まさに「未成年者の体系的社会化」に対して中心的な関わりを持たなければならない教師自身が，まず母性社会に根強く残っている「平等信仰」や一様序列性を克服して，父性原理に基づくところの個性的で多様な価値観を確立していかなければならない。そのためには，形式的な意味での「教育の機会均等の保障」においては「平等主義の原理」を，「教育実践の場」においては「公平の原理」を，そして実質的な意味での「教育の機会均等の保障」においては「能力主義の原理」を機能させて，それぞれがバランスを保った形で，しかも相互に関連させる中で十全に機能させていくことが必要となるであろう。

今日という時代は，「不確実性の時代」（J.K.ガルブレイス）とか「視界ゼロ時代」[32]（小此木啓吾）とか言われるように，ものごとをそれまでの経験と既成観念で割切ることができなかったり，また，長期的な展望や見通しを持つことはもちろんのこと中期的展望のもとに一定の予測と計画を立てても，その通りにならなかったりする時代であると言える。そこで小此木が指摘しているように，「もはや通用しなくなった既成観念による思い込みや憶測をすてた視界ゼロの生き方」，すなわち，「霧の晴れ間に垣間見える眼前の現実を，自分自身の醒めた眼で正確に認識する心を拠り所にする。この認識を速やかにフィードバックすることによって，即席の適応策をつくりあげる」[33]という心構えや姿勢が必要になってくる。

このような時代であればこそ，今日の社会的状況の中で，先の教育的課題を実現させていくには，現実的改革の着実な積み重ねによる前進が要求されるのであって，それは決して今日の社会情勢への無原則・無軌道な「迎合」と軌を一にするものではない。社会情勢への「迎合」からはさまざまな混乱が生まれてきても，プラスになるような要因は何も生まれてこないことを自

覚すべきであろう。

註

(1) R.ドーア「学歴病時代」潮木守一編集・解説『ゆれる学歴社会』（現代のエスプリNo. 152），1980年，p.33．
(2) 『朝日新聞』1983年6月3日付．
(3) 天野郁夫「学歴社会の病理」麻生誠・潮木守一編『学歴効用論－学歴社会から学力社会への道－』有斐閣，1977年，p.155．
(4) R.ドーア「前掲論文」pp.29-30．
(5) 濱島朗「現代社会と青年層－喪失と模索の世代－」濱島朗編『現代青年論』有斐閣，1973年，p.1．
(6) 松原治郎『日本青年の意識構造－「不安」と「不満」のメカニズム－』弘文堂，1974年，pp.220-221．
(7) 松原治郎『前掲書』p.222．
(8) 加藤隆勝『現代っ子－その生活と価値意識－』大日本図書，1974年，pp.150-151．
(9) 吉田昇「現代青年と青年問題」吉田昇・門脇厚司・児島和人編『現代青年の意識と行動』日本放送出版協会，1978年，p.13．
(10) 濱島朗「前掲論文」p.10．
(11) この調査結果については『昭和55年度 滋賀県高等学校定時制通信制教育研究集録』（滋賀県定通教育研究会，1981年）に集録されているが，それには通信制をも含めたデータが掲載されているので，ここではその原資料を分析しなおして定時制についてのみのデータを使用している．
(12) 柴野昌山「教育環境」山根常男・森岡清美・本間康平・竹内郁郎・高橋勇悦・天野郁夫編『テキストブック社会学（3）教育』有斐閣，1978年，pp.41-42．
(13) 林雄二郎『情報化社会－ハードな社会からソフトな社会へ－』講談社，1969年，p.191．
(14) 林雄二郎『前掲書』pp.193-194．
(15) 村石昭三『ことばのしつけ方－0歳から親子で対話を－』文化出版局，1972年，p.55．
(16) 村石昭三『前掲書』pp.87-88．
(17) 武内清「学校のなかの青年－高校生を中心に－」松原治郎・岡堂哲雄編『青年 社会・心理・病理－意識と行動－』（現代のエスプリ別冊第2号）至文堂，1977年，p.170の註．
(18) C.W.Mills, *The Sociological Imagination*, Oxford University Press, 1959.（鈴木広訳『社会学的想像力』紀伊国屋書店，1965年，pp.9-10）．
(19) 山本七平・小此木啓吾『日本人の社会病理』講談社，1982年，p.195．
(20) 高橋勇悦「ヤング・カルチュア」松原治郎編『変動する社会と人間－社会構造と文化－』（現代のエスプリ別冊第1号）至文堂，1980年，pp.198-205．
(21) 中根千枝『タテ社会の人間関係 単一社会の理論 』講談社，1967年，pp.82-86．
(22) 中根千枝『前掲書』p.104．

⑳ 1947年12月17日に学校教育局長から都道府県知事あてに出された「新制高等学校実施準備に関する件」では次のようにのべている。「旧制中等学校の夜間課程は，その程度からいって，新制高等学校の夜間課程として移行するのは何のさしつかえもないものであるから，その殆んど全部が新制高等学校の夜間課程になってよいと考えられる。そこでこれからの学校はこれまで，国民学校高等科の修了者を収容したが，これからは新制中学校の第三学年を収容することになる」（文部省高等学校教育課編集『改訂高等学校定時制通信制教育必携』日本加除出版，1968年，p.11）。

㉔ 滋賀県同和教育研究会発行の『滋同教』No.82（1984年1月10日）には次のような見解が掲載されている。「今一つ，制度上の問題点として，大幅な定員割れにもかかわらず，2次募集が行われなかったという問題がある。すでに述べたように，4月時点での実入学者は募集定員を347人下まわっている。8学級規模の学校1校分に相当する人数である。県教委は，2次募集を行わなかった理由として，現行の『志願変更制度』をとり入れた際，2次募集はしないと確認してきたこと，あわせて，2次募集を制度化すれば学校間格差が現在以上に大きくなるおそれがあると説明している。高等学校の現場においても，2次募集については否定的な意見が強い。学校間格差が大きいなかで2次募集を制度化すれば，1次募集でいつも埋まる学校と，毎年2次募集をしなければならない学校ができ，現在以上に学校間格差が拡大・固定化するおそれがあるというのである。たしかに，こうした懸念がまったくの杞憂だとは言い切れない。2次募集の制度化については，慎重な議論や検討が必要である。しかし，『2次募集をすれば必ず格差が拡大する』と即断することはできない。現に大阪や和歌山などの近隣府県でも2次募集をおこなっている。高校に入りたくて入れなかった子どもが大勢いるのに，1校分もあいたままにしておくのでは，父母や県民の支持は得られないだろう。もちろん，2次募集の是非だけを論議するのではなく，現行の入試制度のあり方そのものにたちかえって，問題解決の方途が探られなければならない」。なお，過去においては，定通教育研究部会が，入試期日の全定同一日程を要望している（1967年5月30日。滋賀県高等学校長協会編集『高校教育三十年』1980年，p.52）。

㉕ E.Durkheim, *Éducation Et Sociologie*, 1922.（佐々木交賢訳『教育と社会学』誠信書房，1976年，pp.58-59）。

㉖ E.デュルケーム『前掲訳書』p.59。

㉗ 河合隼雄『母性社会日本の病理』中央公論社，1976年，pp.8-13。

㉘ 河合隼雄『前掲書』p.50。

㉙ 河合は能力差の存在の事実を認める立場から，能力差の問題が完全にタブーとなった状態を"平等信仰"とよんでいる（『前掲書』p.52）。

㉚ 河合隼雄『前掲書』p.63。

㉛ 河合隼雄『前掲書』pp.64-65。

㉜ 小此木はその特徴として，①高度成長期につくられた既成観念の破綻，②急速な技術革新と生活条件の変化，③価値観，人間観，そしてライフ・サイクルの急激な変革，④先行ランナーを見失ったわが日本の視界ゼロ状態，をあげている（『毎日新聞』1983年2月4日付，夕刊）。

㉝ 『毎日新聞』1983年2月4日付，夕刊。

第3章　高校の序列化と定時制生徒の変容
― 「統一アンケート調査」の比較分析 ―

第1節　定時制教育の昔と今
1.「はっさい先生」と夜間中学

　私はここ数年来よくNHKの朝の連続テレビ小説を見るが，今放映されている「はっさい先生」は特に関心を持って見ている。「はっさい」とは大阪弁で，通常「おてんば」とか「男まさり」という意味だそうだ。私がこのドラマに特に関心を持つのはヒロイン早乙女翠の「はっさい先生」ぶりや彼女をとりまく人びと，例えば父親の辰吉，彼女を中学校教師に抜擢した伴校長，彼女の下宿先の主人庄助，そして彼女の夫になる鶴亀こと鶴岡亀吉といった，何となく滑稽で，それでいて人間味あふれる人びとのキャラクターや生き方に共感を持っているからだけではなく，彼女が教鞭をとっている夜間中学の生徒の人間性やそこでの教師と生徒との人間関係のあり方に深い感銘を覚えるからである。

　もちろん，これはあくまでも小説であるから，それをそのまま当時の世相を忠実に反映したものと理解することは適切ではない。そのようなことは百も承知なのだが，今私が身を置いている現実の教育の世界と比較してみると何ともファシネーティングなのである。昭和初期の劣悪な教育条件や就労条件の中で，夜間中学に学ぶ生徒一人ひとりが自己実現のため寸暇を惜しんで学業に取り組んでいる。そこには昼間部の中学生に対する劣等感にさいなまれて落ち込んでいる生徒の姿も，また，他人の足を引っぱって自分だけ "いい子" になろうとする自己中心的な生徒の姿もない。生徒がお互い自分たちの置かれた境遇に対して共通認識を持ち，それゆえ，互いが互いを理解しあ

い，励ましあって共生している。教師もまた，あるときには教師の立場を一歩退いて，共に生きる人間として生徒との関わりを持つことによって，生徒一人ひとりの心をつかんでいく。このような生徒と生徒，生徒と教師との間の人間関係のあり方に，また，良い意味での緊張感が充満した教育現場の空気に，私は教育本来の"あるべき姿"を見い出すのである。

　それは他方で，今日の教育実態が，そのあるべき姿からほど遠いところにある（そのように思っているのは決して私ひとりだけではないだろう）という現実認識が，かえって「はっさい先生」や夜間中学の生徒たちのあり方を理想像として鮮明にうかびあがらせるのである。

2．「当節定時制高校事情」と現実

　このように，私は現実との比較において「はっさい先生」を見ているのであるが，この理想像も現実のシビアな状況の中に降ろしてくると，"夢のまた夢"であることを痛感する。このような感覚は少なからぬ教師が共有しているものであろう。

　先日，定時制高校の教師をしている佐々木賢が著した『当節定時制高校事情』（有斐閣）を読んでその感を一層強くした。著者はその本の「まえがき」の部分で次のように述べている。「定時制の教師になって，もう26年が過ぎた。そして時代の流れの早さに唖然としている。私が定時制の生徒であった頃から40年もの時の隔たりがあるのだ。私は今，目の前の生徒が，ことばや身振り行動で，何を語ろうとしているのかが知りたくて，はるかに後の方から，息を切らしながら追いかけているような気分でいる。この本は，学校でおこったさまざまな出来事の中で，私が『あれっ？』と思ったエピソードを集めたものである。この『あれっ？』と思うことの基準は多分に主観的である。ただ，一般に世間の大人たちが，学校や生徒について持っているであろうイメージと，現実におこる出来事が『かなり違うなあ』と感じたとき，その意味のずれを明らかにしたくて書いてきたつもりである。（中略）。パートタイム・スクール（定時制高校）における，生徒のパートタイム感覚は，特殊の中にも，この時代の様相を象徴する普遍的な意味を持っているのかもし

れない」[1]。

　著者がこの「まえがき」の部分で述べている言葉の中には，さまざまな思いや意味内容が含まれている。とりわけ時代の推移とともに著しく変容してきている定時制生徒の思考様式や行動様式は，世間一般の尺度では測りきれないこと，また，そこに世間一般の文化とは異質な，しかし，何かその底流のところで共通性を持っている定時制生徒の「文化」，いわばパートタイム・スクール・カルチュアとでもいうべきものを見い出すことができるのではないかということ，それを何とか理解しようと心をくだく教師の姿，そういったさまざまな要素が含まれている。

　この著書を，私は定時制教師としての実体験を思い返しながら読んでいった。ここに書かれているエピソードの多くは，私がかつて経験し，また現に体験している定時制高校の実態にほぼ見合う内容であったので，一種の安堵感とある種の親近感とを持つことができた。と同時に，既存の社会規範や生き方のルールにとらわれない奔放な定時制生徒にキリキリ舞いしながら，何とかして彼らのことを理解しようとしている著者の姿勢に，今日の教師のあるべき姿を見る思いがした。

　私がこの著書から教えられたことは数多いが，今そのうちのいくつかを列挙しておこう。

① 生徒個々人には，彼らなりの人生哲学があること。しかもそれは本の知識や大人の話を聞いて得たものではなく，自分のまわりの人（先輩，ダチ，タメ）とのかかわりや出会い，それに具体的な出来事の中から，感じたり学んだりして作り出した哲学であること[2]。

② 生徒同士の会話は，教師によく理解できない。それは，彼らのことばは無意識の武装をしていて，大人にはわからないように仕組まれているからである。また，隠語を使うのは，明らかに自己防衛のためであるが，隠語を含めて彼らが使うことばは，「場のことば」，すなわち，特定の状況をともに体験した者同士でないとわからないことばなのである。このような彼らが創り出したことば（土着語）は一つの体系や文化を持つ。と同時に，

それは私たちの世界を拒否するものなのである[3]。
③ 非行というと，一般に暗いイメージを持つが，しかし，おしきせの枠の中に留まりきらず，内からわきおこる活動欲を抑えることができないでする非行もあること[4]。
④ いわゆる非行少年は自分をとりまくまわりの状況と，自分が主観的に見ている状況とが，かなりくい違っている。彼らは大人の理解のおよばぬ別の感覚の世界にいるので，大人はその世界に踏み入ることはできない。せいぜい大人ができるといえば，状況をできるだけ知ることと，子どもから相談を受けるにたる姿勢をつくることぐらいであること[5]。
⑤ 「理解しよう」とする大人の姿勢がよくないのではないかということ。理解とは生徒を対象化して一定の距離をおき解釈しようとするものである。解釈の前に，まず，ありのままにつきあう必要がある[6]。
⑥ 現状の能力主義や序列主義にとらわれないで，青春期を定時制でのんびり過ごすことに満足感を覚える生徒も存在すること[7]。
⑦ 管理主義は自由主義の敗北であるが，教師を刺激して管理強化を促すのは生徒である。他面で，管理教育の普及が規則や監視がなければマナーが守れないという生徒を増やしてきた。また特に底辺校では，授業や行事など学校生活のあれこれの行為全般に無関心な生徒が多いので，自然に教師の強制も強くなるという図式が描ける。このような管理主義の強弱は，どれだけ多くの教師が，どれだけ多くの生徒と親しくなれたかということと大いに関係がある。従って，生徒と教師との交流の回路を多く設定することによって，互いに相手に自分を曝して，両者の間にある文化の亀裂を縫合していくことが必要であること[8]。
⑧ 教師の多くが皮膚感覚みたいなもので忌み嫌うマンガは，学校が重んじる知識の蓄積，努力に勤勉さ，時間厳守やことばによる正確な表現といった要素をことごとく否定する反学校文化の産物ではあるが，そこには意味を喪失した無機質の学校教育制度が浮き彫りにされていることを理解する必要があること[9]。

このようにいくつか羅列してみたのであるが，要は著者が指摘するように，「それは，生徒たちが無意識のうちにか，あるいは薄々感じ取ってか，現状の教育過剰の世の中にいて，学校や教育にうんざりしている姿を見せている」[10]ということの帰結なのである。

　そこのところを教師集団が理解しなければならないということ，と同時に，その理解は「教える者」と「教えられる者」という関係からは生まれてこないということ，つまり，教師は時には完全に武装解除して，母親が子どもに話しかけるように彼らの目線の高さで語りかけ，言い分を聞き，また必要とあらば，わざと騙されてやる，そのようなプロセスを経て彼らを理解することが可能となることを認識することの肝要性を提示している。

　以上のように私なりに理解し解釈してみたのであるが，では，実際に社会変動が著しい現代において，定時制生徒はどの部分でどのように変わり，また何が変わっていないのかということを2つのアンケート調査結果を比較分析することによって見ておくことにしよう。

第2節　定時制生徒の生活と意識の変容

　滋賀県定通教育研究会では，今日の社会や経済の急激な変化が定時制・通信制で学ぶ生徒の意識や行動にどのような形で影響を及ぼしているかを考察するために，2度にわたって統一アンケート調査を実施した（「定時制通信制生徒の生活と意識の実態調査」）。1回目は1980年9月から10月にかけて，2回目は1987年7月に実施した。そのうち定時制高校分については，1980年調査が回答数1,124人…普通科732人（男子180人，女子552人），職業科392人（男子332人，女子60人），1987年調査が1,007人…普通科666人（男子365人，女子301人），職業科341人（男子320人，女子21人）となっている。ここでは7年間の歳月の流れの中で，定時制生徒の実態がどうなったのか，何が変わり，何が変わらなかったのかということを比較分析してみることに主眼をおくことにする。なお，1回目の調査の分析については，第2章で詳しく分析している。また，定時制・通信制全体のデータ分析は，それぞれ『滋賀県高

等学校定時制通信制教育研究集録』（昭和55年度および昭和62年度）に集録されているので参照されたい。

1．定時制進学のケース・動機・目的
（1）進学のケース

　最初から定時制を志願している生徒は35.8％で，前回調査の25.4％を10ポイント余り上回っている。普職別では前回と同様，普通科が職業科を大きく上回っているが，特に普通科女子は30.8％から49.8％へ，また，同男子は15.6％から34.0％へと大幅にアップしている。ただ，このような変化の背景には，私立Ａ高校（普通科）の入試制度における専願制導入の影響が大きく作用していることが考えられる。

　それに対して，全日制高校受験失敗者は38.5％（普男40.6％，普女20.5％，職男50.9％，職女47.6％）で，全日制高校中退者の8.2％を加えると46.7％となり，前回調査の35.9％（中退者を含む）を大きく上回っている。

　前回調査と比較すると，全日制高校受験失敗者は男子が減少（普男20.0ポイント減，職男13.3ポイント減）し，女子が増加（普女6.9ポイント増，職女35.9ポイント増）している。

（2）進学の動機

　「自分の意思で」とした積極派は36.2％で，とりわけ普通科女子が高い（44.6％。普男は25.8％で最低）。それに対して「人のすすめ」によって進学を決意した消極脈は35.7％（「中学校の先生のすすめ」25.4％…普男37.5％，「家族のすすめ」7.3％…職女19.1％，「友人のすすめ」3.0％…職女9.5％），目的意識希薄派が27.6％（「仕方なく」15.7％…職男19.1％，「なんとなく」11.9％…職男15.0％）となっており，進学の動機づけにおける三層構造がうかがえる。それを普職・男女別で見れば，おおむね普通科女子は積極派，普通科男子，職業科女子は消極派，職業科男子は目的意識希薄派に類別することができるだろう。

（3）通学の目的

　前回調査と同様，「高卒の資格をとるため」が最も高くて66.0％（普女は

71.1％）となっている（前回は複数選択で81.9％）。また，「職務上の資格を得るため」「職務上必要な技能を身につけるため」としている者も相対的に職業科男子に高く，両者とも6.3％となっている。「ことさら目的はなく，ただなんとなく」としている無目的派は8.6％（前回18.5％）で比較的少数派であることが理解できる。

　以上のことから，今日，高学歴社会が進展している中で，定時制高校へ進学してくる生徒を類別すれば次のように分類することができるだろう。1つは，定時制高校への進学を積極的に意義づけているタイプ。2つは，それを消極的にしか意義づけていないタイプ。そして3つめは，それを否定もしなければ肯定もしないタイプ。前二者は，進学のケースや動機の面で相違点を持つが，彼らなりの目的を持っている点で一致している。ところが後者の場合には，進学の動機や目的の面で前二者と大きく相違している。つまり，何の目的も持たないで，ただ何となく定時制高校に来ているだけなのである。

2．教科学習について
（1）学習の理解度

　日頃の学習について「不安」を抱いている生徒は62.0％（「いつも思っている」19.9％，「時折思う」42.1％）で，前回調査の56.3％よりも，また中学生時代の52.4％よりも高くなっている。その「不安」の原因を見てみると，「自分の学習に対する努力が足りない」としている生徒は37.4％で，前回調査よりも4.9ポイントアップしているのに対して，「先生の説明がわかりにくい」が20.6％，「勉強する気になれない」が21.3％で，それぞれ前回調査比5.6ポイント減，6.2ポイント減となっている。

　このように前回調査と比較すれば，「自分自身の姿勢」「教師の姿勢」「無気力」が主要な原因であることに変化はないが，前者が増加し，後二者が減少したということは，教師集団の生徒の能力的実態に即したきめこまかな学習指導が，ようやく一定の成果をあげるにまでいたったことの結果であるとみなすこともできるのではないだろうか。

（2）希望（期待）する授業のあり方

最も生徒が希望しているのは,「よくわかる授業をしてほしい」が34.0%で,前回調査（33.7%）とほぼ同じである。また,「生徒がもっと親しめる姿勢で教えてほしい」が26.5%で,前回調査より5.4ポイントも高くなっている。この傾向は普通科の生徒に著しい（普男34.2%,普女23.2%,職男17.5%,職女14.3%）。

　ただ,中学生時代の最も不得意な教科が,数学（39.5%,特に普女は50.6%）,英語（35.1%,特に職男は41.6%）であるところから,この2教科に関してはいかにして基礎学力を身につけさせるかということが最大のポイントになる。彼らの多くは自己の知的能力の低さや限界については,これまでの体験を通してそれなりに自覚している。その反面で,高校生としての「プライド」もあわせ持っている。また,彼らはある意味ではプラグマティックである。数学や英語ができなくても十分社会生活はできるという感覚を持っている。実際,彼らはそのような感覚でこれまで生きてきた。少なくとも彼らにとって数学や英語は,極論すれば学校で習うすべての教科や科目は,これから生きていくうえにおいて必要不可欠の要素とは考えていないのである。そうであるが故に,彼らのプライドを傷つけずに初等教育レベルの学力を身につけさせることは非常な困難を伴うのである。

3．教師の位置づけと憧憬像

　では,生徒は学校生活の中で教師をどのように位置づけ,また,どのような教師を理想のタイプとして描いているのであろうか。

（1）学校生活での教師の位置づけ

　今回の調査結果も前回調査と同様,教師は生徒から決してプラス的な位置づけをされているわけではない。それは学校生活のいやな面で,「いやな先生がいる」と答えている生徒が18.1%（前回は複数選択で43.2%）で,それに対して,学校生活の楽しい面で「先生達と親近感もって接することができる」と答えた生徒が5.8%（前回調査10.2%）しかないという結果からもうかがい知ることができる。

　ところで,中学生時代はどうであったのか。「親しい先生が多かった」が

50.2%,「親しめる先生があまりいなかった」が48.5%で，前回調査と同様，両者相半ばしている（表1）。しかし，前回調査では「いやな先生が多かった」とした生徒が20.5%もいたので，対教師観の傾向性としては，教師に親近感を持っている生徒が増加したと言えるが，男女別の比較においては相対的に親近感は女子で高く，嫌悪感は男子で高いという結果において大きな変化はない。

表1　中学生時代の教師像　　　　　　　　　　　　　　　　　　単位：%

項　　　　目	普　男	普　女	職　男	職　女	全　体	前　回
親しい先生が多かった	49.9	55.1	43.1	61.9	50.2	40.7
親しい先生があまりいなかった	46.3	44.9	53.8	28.6	48.5	38.8

　高校においては既に見たように「親近感」と「嫌悪感」との比率は逆転しているが，では，彼らはどのような教師を理想像として描いているのであろうか。

（2）教師の憧憬像

　今回の調査では，「ユーモアがあって，楽しい雰囲気をつくり，親近感のもてる先生」（32.6%），「話しやすくて何でも聞き入れてくれる先生」（17.9%），「生徒の意見を尊重しながら，適切な指導，アドバイスを与えてくれる先生」（16.6%），「厳しい中にも生徒の事をよく理解してくれる先生」（15.7%）の順となっている（表2）。

表2　教師の憧憬像　　　　　　　　　　　　　　　　　　　　　単位：%

項　　　　目	普　男	普　女	職　男	職　女	全　体
ユーモア・楽しい	32.1	30.0	35.6	23.8	32.6
話しやすい	20.0	17.2	16.3	9.5	17.9
生徒の意見を尊重	14.8	20.2	14.1	24.6	16.6
厳しいが生徒をよく理解	14.3	19.2	13.1	23.8	15.7

　この調査結果から，相対的に普職差よりも男女差の方が大きいように思われるし，しかも前二者は男子の方が，後二者は女子の方がそれぞれ高い。つまり，男子は「友だちタイプの教師」を，女子は「親タイプの教師」を，それぞれ理想像として描いていると言える。

また,「専門的な知識が豊かで信頼できる先生」(4.9%),「面倒味がよく,真剣に物事に取り組んでくれる先生」(5.6%)を理想像として描いている生徒は極めて少数であり,「専門家型」や「真面目型」の教師が定時制生徒からは敬遠されている実態も浮き彫りにされた。

4．生徒の関心事

教科外活動のうち,生徒会活動への関心について見ておくと,無関心は65.1%(「あまり関心がない」27.6%,「全く関心がない」37.5%)で,前回調査の44.5%を大きく上回り,ノン・コミットメント型の生徒が大幅に増加していることが理解できる。

また,生徒の関心事や共通の話題については,依然として「車・オートバイ」(26.4%),「服装,髪型」(16.8%),「異性」(13.5%)がその中心的位置を占めている(表3)が,前回調査と比較すると,「車・オートバイ」が増加し,「異性」が減少して関心の順位が入れ替わっているし,また,「異性」に関しては普職差,男女差がほとんどなくなってきている点に前回調査との相違が見られる。

表3　生徒の関心事　　　　　　　　　　　　　　　　　　　　　　　単位：%

項目	普男	普女	職男	職女	全体
異性	10.6	13.3	17.5	7.2	13.5
服装・髪型	12.8	28.4	10.2	21.5	16.8
車・オートバイ	27.6	15.5	35.7	21.5	26.4

他方,「勉強」(4.6%),「政治や社会問題」(3.6%)に関しては,相変わらず関心が低いが,それは彼らがおかれている教育的境遇や彼ら自身のもつ知的能力あるいは想像力や思考力の貧困さのしからしむる結果であろう。

5．仕事・勤労観

定時制高校は,原則として勤労青少年を本来受け入れるべき対象としている。ところが,社会構造や産業経済構造の変動によって全日制志向,普通科志向が高まり,それに反比例する形で定時制志願者が激減している。その結果,定時制高校は,明確に全日制高校の「補完的役割」を果たす(べき)

「受け皿」として位置づけられるにいたった。今日ではこのような位置づけが完全に定着してしまっている。と同時に，定時制生徒の構成主体も多様化が進展し，従来のような「働き学ぶ」というイメージだけで定時制高校をとらえきれなくなってきた。

(1) 勤務状況

そのことの一端が，定時制生徒の勤務状況の激変によく表れているので，まずそれについて見ておくことにしよう。

前回調査では「官庁・会社・商店・病院等に勤務」している定職者が81.0％，「アルバイト的な勤務」が3.2％，無職が4.0％であったのが，今回調査では定職者が35.1％と激減しているのに対して，アルバイト的勤務者が44.1％と激増し，無職者も8.2％と倍増している（表4）。

表4　勤務状況　　　　　　　　　　　　　　　　　　　　　　単位：％

項　目	調査	普男	普女	職男	職女	全体
定職者	今回	17.0	52.5	41.3	4.8	35.1
	前回	70.0	94.6	62.3	93.3	81.0
アルバイト	今回	61.0	31.5	31.6	47.6	44.1

(2) 職種・従業員規模

では，無職者を除いて，生徒はどのような職種に就き，どのような従業員規模の職場で就労しているのかを前回調査との比較で見ておこう。

職種については，「専門的・技術的職業従事者」が22.0％から12.7％へとほぼ半減し，特に職業科女子の落ち込みが著しい。それは，主として準看護学校の廃校に伴って生じた現象と考えられる。他方，単純作業を基底とした分野においては，「技能工・採掘・製造・建設作業者」が55.1％から43.6％へと減少している。ただ，職業科男子だけは倍増に近い伸びを示している（表5）。

表5　職種　　　　　　　　　　　　　　　　　　　　　　単位：％

項　目	調査	普男	普女	職男	職女	全体
専門職・技術的職業従事者	今回	12.0	9.4	16.4	7.0	12.7
	前回	20.6	10.9	33.1	66.7	22.0
技能工・採掘・製造・建設作業者	今回	32.4	57.0	42.3	0	43.6
	前回	44.1	82.2	24.4	16.7	55.1

それに対して,「サービス職業従事者」は4.9%から19.8%へと約4倍増で,とりわけ女子の増加率の高さが目立つ（普女…2.0%から17.3%へ,職女…1.7%から30.8%へ）。

また,従業員規模においては,101人以上の企業に勤務している生徒は53.6%から28.8%へと,ほぼ半減しているのに対して,10人以下の小零細企業は逆に14.1%から30.4%へと倍増している（表6）。

表6　従業員規模　　　　　　　　　　　　　　　　　　　　　　　単位：%

項　目	調査	普男	普女	職男	職女	全体
101人以上	今回	16.1	50.5	21.5	7.6	28.8
	前回	38.3	79.3	15.1	76.7	53.6
10人以下	今回	39.5	16.2	33.9	46.2	30.4
	前回	15.6	2.7	34.0	3.3	14.1

以上のことから,全般的に中卒者の就労条件や就労状況の劣悪化が読みとれるが,その中にあって,特に普通科の生徒や女子の場合はそれが著しい。このような状況の変化は,今日の高度に発展した産業社会や情報化社会の中にあって,彼らに対するニーズが著しく低下しているという実態,すなわち,企業（特に先端技術を導入している企業）の側からすれば,彼らを必要としないという企業の論理がその基底に横たわっているということによっていると考えられる。

生徒の側においても,そのような厳しい現実の中で,「仕事に誇りをもち,生きがいを感じている」のは少数派であり（17.1%。前回調査10.0%),むしろ,「仕事はただお金を得るための手段だと割り切って働いている」ドライ派（33.6%…特に職女47.1%,普女36.5%,前回調査36.5%）や「仕事の内容がつまらなく,勤労意欲があまり湧いてこない」（17.9%。前回調査16.1%）という勤労観を持つ生徒が多数を占めている。

このような実態が,「転職」の増加傾向に結びついていることも考えられる。前回調査では14.9%であったのが,今回調査では倍の29.3%となっており,特に女子の転職率が大幅に増加している（表7）。この現象も,既に見たように,とりわけ女子における就労状況の劣悪さの反映であると考えられる。

表7　転職経験者　　　　　　　　　　　　　　　　　　　　　　　単位：％

調査	普男	普女	職男	職女	全体
今回	32.1	22.0	31.6	75.0	29.3
前回	31.2	2.9	37.7	10.5	14.9

　このように見てくると，定時制生徒としての本来的姿である勤労青少年としてのイメージは大きく後退し，まさにパートタイム・スクールは，パートタイム的状況の中に埋没して，パートタイム感覚や気分にひたっている生徒たちのための学校というイメージに大きく転換してきていると言えるであろう。

6．生活観と生き方

　こうした状況の中で，生徒は現在の生活をどのように見ているかということになると，「毎日の生活が単調になりがちで，あまり気に張りがない」と感じているのは19.5％（特に普女は24.6％，前回調査38.7％）で，前回より半減し，「自分の将来のことを考えると自信がなく不安である」とする不安派は15.3％（職女は4.8％。前回調査19.8％）で，これも減少している。それに対して，「今楽しんでおくべきで，自分の思いのままの生活をしておきたい」と思っている生徒は21.4％と高く，厳しい状況の中に身をおきながらも，それを将来的展望との関連において深刻に受けとめず，むしろそういう状況の中にあるからこそ，かえって今を自由奔放に，気ままに生活しようとする生徒の姿勢が浮かび上がってくる。

　これは生き方にも関連しているように思える。つまり，「一生懸命働いて経済的に豊かな生活を送る」（28.8％）という方向性を示す生徒がいる一方で，「財産や社会的地位にこだわらず自分の好みに合った暮らしをする」（37.4％）という個人生活優位型の生徒が他方の極を占めるという形での「生き方」の2極化が明確に示されている。

7．悩み

　このような生徒の意識や感覚は，「悩み」の面にも反映されている。まず悩みの内容について見ると，「職場のこと」が前回調査の8.7％から14.2％に増えているものの，「自分自身の将来のこと」（22.6％。前回調査26.7％），

「異性のこと」(7.9%。前回調査18.2%)では減少している。さらに,「悩みはない」とする者は36.6%で,前回調査(19.0%)のほぼ2倍に増えている(表8)。

表8 悩みはない　　　　　　　　　　　　　　　　　　単位:%

調査	普男	普女	職男	職女	全体
今回	40.1	22.1	45.5	50.0	36.6
前回	19.4	9.4	20.0	13.3	19.0

ここに,「悩みを持たない」あるいは「悩みを持とうとしない」生徒像が浮かび上がってくるのだが,悩みを持つ者でも,悩みを誰かに相談する者は45.3%で,前回調査の63.0%を大きく下回り,逆に,「しない」者は35.5%から47.8%へと増加している。さらに,悩みを相談する相手の多くは「友人」(53.6%…「同輩」40.1%,「先輩」13.5%)であるが,それも,前回調査(72.7%)と比べると大きく減少している。もちろん,前回調査と同様,「教師」(1.4%。前回調査2.8%)は,生徒からは相談相手とは見なされていない。

以上,調査結果の比較分析から,何が言えるのか,次に整理し,まとめておくことにしよう。まず,この7年間で大きく変化した点から見ておくことにする。

その1は,後期中等教育における定時制高校の位置づけが,全日制高校の「受け皿」としてより明確に定着し,それに関わって生徒の構成主体の多様化もより一層進展したことである。この変化は,一方で,教科学習における生徒の「不安」を増幅させるとともに,他方で,物事に対する無気力・無関心を助長させている。

その2は,高度産業社会あるいは情報化社会の急速な進展に伴って,中卒者の就労条件が厳しさの度を一層加え,その結果,定時制生徒の多くはますます不本意就労を強いられ,それがまた,転職者の激増を生み出してきている。それはまた他方で,最初から職に就かない無職者を大量に輩出することともなった。

その3は,このような深刻な事態の中に身をおいているにもかかわらず,

「悩みを持たない」あるいは「悩みを持とうとしない」楽観主義的な生徒が激増した反面で，悩みがあっても「相談しない」あるいは「相談する友人がいない」生徒も大幅に増加し，生徒の孤立化傾向が進展してきている姿をも浮き彫りにしている。

次に，変化していない，あるいは変化の度が小さい点について，その主要なものを見ておこう。その1は，生徒の大半は定時制へは何らかの目的（とりわけ「高卒」の資格を取得すること）を持って入学しており，無目的派は少数派であること。

その2は，生徒と教師とのつながりは相変わらず弱いということ，言いかえれば，生徒にとって教師の存在は全く小さいということである。その端的な例は，悩みごとの相談相手として教師は全くと言っていいほど生徒から認知されていないということに示されている。

その3は，彼らが最も関心を示すのは，彼らにとって最も身近に存在するものであり，しかも利那的享楽主義の対象となるものであること，などである。

では，このような定時制生徒の実態をふまえて，最後に将来の定時制像を描いてみよう。

第3節　定時制教育は何処へ

1987年1月5日，日米両国において，同時に，2年半にわたる日米教育協力研究の成果が発表されたが，その成果をまとめた『相互にみた日米教育の課題—日米教育協力研究報告書—』（天城勲編著，第一法規）の中の次の記述からまず見ておこう。

「高等学校進学は日本の教育体系にあって，能力差や社会的・経済的背景の違いが反映されはじめる重要な節目といえる。生徒たちの通学している高等学校間の序列は彼らの将来の就職や出世の方向に大きく関わっており，すでに高等学校入学と同時に生徒ひとりひとりは自分の将来像を明確に知ってしまうのである」[1]。

トーマス・ローレンは高校の序列と高校進学の持つ重大な意味を次のよう

に要約している。「欧米の研究者たちは,これまで日本の大学入試の問題,とりわけ,将来のエリート養成の問題に目を向けてきた。しかし,日本の教育全体を通じてなされる成層化のプロセスを考えるうえでは,むしろ高校入試の方が重要な結節点だといえる。そこには事実上,すべての若者がかかわっている。そして,この段階で生徒たちが振り分けられる学校別の『走路』は大学よりも多岐にわたっている。また,社会の全体構造との関係で見た場合にも,高校のほうが重要な意味を持つように思える。ある地域の高校間の序列は,全国の大学間格差と同じくらい,その地域に住む人びとにとってはっきりしたものである。それぞれの地域社会では,どの高校を卒業したかということが,一生涯つきまとうことになる。さらに個々の高校の生徒がどのような特性を持っているかについて,ことこまかにステレオタイプがつくりあげられ,それが彼らの自己イメージに,ぬぐい去ることのできない刻印を押している」[12]。

この指摘は確かに当を得ているように私には思われるが,トーマス・ローレンはさらに,定時制や通信制の高校,あるいは夜間定時制クラスなどが最下位に位置するとか,成績や家庭の経済状況が私立高校進学を許さない生徒の多くは公立の職業科の高校に進学するが,最低の格付けをされた職業科高校にすら入学が不可能な生徒のたどる,残された主な道は,夜間高校か就職かということになるとも述べて[13],序列化された高校における定時制高校の今日的位置づけをほぼ的確に行っている。

このような高校の序列化が,今日ある意味で世間から「正当性」を付与されているのは,高校入試が機会均等の「平等性」(余程の事情がない限り中卒者のほとんどが高校入試にチャレンジするという意味で)を大前提としており,しかも,入学試験は志願者の中から少人数を選択するよりも,少数を排除する機能を持っているからである。

しかも,この序列化は歴史的蓄積のうえに築き上げられてきたものであるから,そこに一種の「伝統的重み」を世間の人びとに与える。つまり,人びとに固定観念として序列化の「正当性」を植えつけてしまうことになるので

ある。これは、日本の学歴社会が、どんな学校を出たかを重視する「学歴社会」であること、つまり、専門的能力ではなくて、一般的な知的能力水準と、同じ学校出身者という人間的背景とを示している「学歴社会」（＝象徴的学歴社会）である[14]ことの帰結でもある。そこでは、生徒個人の持つ「隠された能力」あるいは「隠れた能力」は少なくとも正当に評価されえない。「正当」に評価されうるのは、「中学校の学習指導要領をどの程度までマスターしているかという点」[15]だけなのである。それが、一般に「公平」な評価と見なされている。

従って、中卒者がどの高校を志願するかということによって、つまり、入試以前の志願の段階で、すでに高校の序列化が再確認されるとともに、生徒個々人の人間としての価値まで序列化されてしまうことになる。生徒が志望するのは、ほぼ自分の「知的能力」に見合った水準の高校ということだからである。

こうした現状の中にあって、定時制高校は、「平等」な入試によって排除された少数派のほとんど唯一の「とまり木」となる。トーマス・ローレンの指摘する通りであり、また、先述の「統一アンケート調査」の結果からもそのことは立証されている。彼らの多くは、「権威づけられた」学習指導要領に示されたカリキュラムを極めて不十分にしか消化吸収しえず、そのため日本の学校教育システムの基準から「脱落」した者たちなのである。

しかし、その背景には多様な原因が横たわっていることも考慮に入れておく必要がある。すなわち、個人の知能程度の差、家庭環境それに人格や性格の違いなどである。こうした個人差があるにもかかわらず、教育の実態は依然として画一主義的であり、統制された枠内で生徒に同一歩調を求めている。松山幸雄も指摘するように、「日本の教育の現実は（少なくともアメリカに比べ）個性軽視の傾向が強すぎ」[16]るように思える。「能力に個人差があるのは当たり前」、「少なくとも民主社会とは個性がのびのびと発揮される社会だ」ということを教育の基軸にすえれば、「だれもかれも同一歩調をとらせようというのはかえって反民主主義的だ」[17]ということになろう。

私は，アメリカ的な個人主義を全面的に支持する者ではないが，今日の日本の教育病理の深刻さを考えるとき，このような要素を一種のカンフル剤として導入することも必要であると考えている。とりわけ，今日の定時制教育においては，その必要性を痛感する。「現状の教育過剰の世の中にいて，学校や教育にうんざりした姿をみせている」という佐々木の指摘にもあったように，今日の定時制教育の荒廃の究極的要因は，画一化し，管理化し，硬直化している現今の学校教育制度にあるのであり，また，定時制生徒の創り出した文化は，それに対するアンチ・テーゼの集積なのである。

　このような実情を鑑みてか，臨教審答申や文部省の方針に沿う形で，石川県，岩手県，東京都などの自治体で「単位制高校構想」が，生涯学習および定時制の活性化を大義名分にかかげてうち出されている。その一例を，『日本教育新聞』（1988年1月16日付）に掲載されている東京都のそれに見てみよう。

　東京都においては，1991年度に単位制高校（普通科，情報科）を開校する予定で，次のような構想を基本計画の中に盛り込んでいる。

① 単位制・無学年制とし，昼間三部と夜間部の定時制課程を設置，通信制課程との併修ができ，80単位を取得すれば卒業できる。また，資格取得の教養講座の受講など卒業を目的としない聴講生も受け入れていく。

② 生徒，聴講生は中学卒業生，高校中退者，社会人が3分の1ずつ。看護婦のように不規則勤務の勤労青少年，従来の高校の画一性，生徒指導などになじめない者，高卒資格が欲しい社会人，高校中退者で再度高校教育を望むUターン組，大検の単位を補充したい者，社会人で職業に役立てたり，余暇を利用して学習しようという者などさまざまなタイプを想定している。

③ 教育課程は月～金曜日の週5日制で編成し，土曜日は通信制のスクーリングを行う。また，土，日曜日は主に社会人向けに簿記経理，情報処理，生活の法律などのビジネス講座，詩歌，俳句鑑賞，英会話，歴史の旅などの教養講座，陶芸，日本画，料理教室などの趣味講座を開設，さらに月～

金曜日にはテーマ別のリカレント講座を開設して，生活文化，情報処理，文学・歴史，英会話などのプログラムを毎日受講できるようにする（表9）。

表9　単位制高校リカレント講座（案）
＜生活文化プログラム＞

	月	火	水	木	金
1	陶　芸	郷土史	家庭一般 OR 保　育	陶　芸	郷土史
2	日本画	文化史		日本画	文化史
3	ダンス	被服調理	家庭一般	ダンス	被服調理
4		食　物			食　物

＜情報処理プログラム＞

	月	火	水	木	金
1	情報処理Ⅰ OR 情報実習	情報処理Ⅱ	情報処理Ⅱ	情報処理Ⅰ OR 情報実習	情報処理 OR ワープロⅠ
2					
3	情報技術Ⅱ	情報技術Ⅰ OR システム設計	情報技術Ⅰ OR システム設計	情報技術Ⅱ	
4	ワープロⅡ			ワープロⅡ	

出所：『日本教育新聞』1988年1月16日付。

④　学期を前後期の二学期制として，4月と10月から半年で単位を取得できるようにする。さらに，所属部以外の講座を履修したり，定・通を併修すれば3年間で卒業できるようにする。こうした履修方法をアドバイスするガイダンスカウンセラーを置く。

⑤　入学者選択については，意欲を最優先させるため面接など学力検査以外の方法を採る。ホームルームも中学卒業者に限り講座別に設ける。

以上が，その主たる内容である。この東京都の単位制高校構想を見る限り，従来の高校像とはかなり違っており，今日の生涯学習へのニーズの高まり，あるいは高校中退者の増加に対応するためのひとつの方法として，それなり

の意義はあるように思える。とりわけ多彩な講座制，二学期制，無試験入学制，あるいは日曜日開校などの導入は，それなりに個人的都合を優先して，広く門戸を開放しようとしている点で，また，いわゆる，学力偏重主義の弊害を緩和し，カルチュアセンター的要素を注入することによって画一主義的な教育内容をそれなりに改善しようとしている点で評価できる。

　しかし，次のような点では多くの問題性を内包している。そのひとつは，この構想はあくまでも東京都の構想であって，これが必ずしも普遍性を持つとは限らないこと。つまり，実情が地域によって異なるわけであるから，その対応においては地域特性が加味されなければならないし，むしろ，それに重点がおかれなければならないということ。

　2つには，今日の定時制高校の荒廃の主要因のひとつが，既に指摘したが，画一主義的・管理主義的な現今の学校教育制度にあるわけであるが，それと同時に，生徒の教師に対する根強い不信感にあることもまた事実であるために，制度改革と同時進行的に，否，むしろそれに先行して両者の不協和音を正すことが必要である。そのためには，何よりもできるだけ多く，生徒と接する機会，それも教師と生徒という関係においてではなく，共に生きる人間同士として，ありのままに，自分をさらけ出して接する機会をできるだけ多く設定することが望まれるのであるが，無学年制を前提とした場合には，そのような機会が極めて縮小されてしまう可能性を内包しているということである。

　そして第3には，知的能力を前提とした「自由競争」に基づいて築き上げられてきた今日の高学歴社会の中にあって，この単位制高校構想が，単に現今の単線型教育体系の枠内での小手先だけの対応の産物であるならば（私はそういう思いが強いのだが），新たな高校の序列化を助長することはあっても，教育の荒廃を一定程度解消し，かつ，定時制の活性化に直結することにはならないように思える。

　以上，単位制高校導入に際してのメリットおよびデメリットの一端を提示してみたわけであるが，最後に次の記述を見てみよう。

「日本で現在行われている教育改革の試みで，アメリカ人の目から見て最も印象的な点は多分，それがアメリカでの教育改革と正反対の方向で行われていることであろう。日本の教育改革者たちは，地方分権，制度の多様化，カリキュラムの画一性や統一性の緩和，授業方法の柔軟化，そして教育の一層の個性化などを求めている。アメリカにはすでに州や郡による監督，初等・中等教育段階の課程における大幅な多様性，様々な形の開かれた高等教育制度などがあるが，授業が児童生徒中心に偏り過ぎたり，カリキュラムの選択の可能性が多過ぎたりしているために，アメリカの教育改革者たちはカリキュラムにもっと統一性を持たせ，全体に学問の質を向上させるための方策を求めているのである」[18]。

ここには，今日日本で行われている教育改革の方向性と，その方向性のひとつの指針であるアメリカの教育における徹底した個人主義の弊害とが示されている。また，アメリカにおける教育病理の主要因は，「教師対生徒の関係は，極端にいうと，知識，技術のセールスマン，バイヤーの関係に近い」[19]というところにあるように思われる。従って，日本の教育改革が，単に形式的アメリカナイズの方向性をとることは極めて危険である。そこには教師と子どもたちとの間に「心」の交流を持つ機会が存在していないからである。教師は，単に「知識職業の one of them」[20]であってはならない。むしろ，教師は心に傷を持ち，病を持つ生徒のための「心のカウンセラー」であることを要求されるように私には思える。とりわけ定時制教育においては，それは必要不可欠の要素であろう。

定時制教育が今後どのような方向に進むのかを予測することは，私の想像力を超える問題であるので明確な未来像を描くことはできないが，今とりあえず必要なことは，また，しなければならないことは，所与の制度内で生徒一人ひとりが持つ個性を尊重するということと同時に，心のふれあいを何よりも最優先するということであろう。非常な困難性を伴うことであるが。

註

(1) 佐々木賢『当節定時制高校事情』有斐閣，1987年，pp.4-5。
(2) 佐々木賢『前掲書』p.10。
(3) 佐々木賢『前掲書』p.32。
(4) 佐々木賢『前掲書』p.80。
(5) 佐々木賢『前掲書』p.41, p.51。
(6) 佐々木賢『前掲書』p.59。
(7) 佐々木賢『前掲書』p.115。
(8) 佐々木賢『前掲書』p.163, p.174, p.190, p.196, p.199。
(9) 佐々木賢『前掲書』pp.218-219。
(10) 佐々木賢『前掲書』p.220。
(11) 天城勲編著『相互にみた日米教育の課題－日米教育協力研究報告書－』第一法規，1987年，p.207。
(12) T.P.Rohlen, *Japan's High Schools*, University of California Press, 1983.（友田泰正訳『日本の高校－成功と代償－』サイマル出版会，1988年，p.106）。
(13) T.P.ローレン『前掲訳書』pp.106-108。
(14) 麻生誠「日本－『甘え学歴社会』の構造」麻生誠・潮木守一編『ヨーロッパ・アメリカ・日本の教育風土』有斐閣，1978年，p.182。
(15) 天城勲編著『前掲書』p.204。
(16) 松山幸雄『「勉縮」のすすめ－国際社会へ巣立つ世代に－』朝日新聞社，1978年，p.21。
(17) 松山幸雄『前掲書』pp.20-21。
(18) 天城勲編著『前掲書』p.274。
(19) 松山幸雄『前掲書』p.189。
(20) 松山幸雄『前掲書』p.189。

第4章　定時制生徒に見る「偏見」「差別」の意識構造

第1節　現代社会の人間と文化

　現代の高校生は，日本経済の発展段階の区分で見れば，ちょうど高度経済成長時代に生をうけ，ひたすら現代資本主義が産出した文明的恩恵に浸りながら成長してきた年齢集団である。今日のように高度に発展した産業社会に生きる人びとは，「大衆」もしくは「新中間大衆」として類型化され，そのような大衆もしくは新中間大衆が社会の前面に登場してきた現代を，われわれは「大衆の時代」とか「新中間大衆の時代」とかよんでいる。その際に，大衆や新中間大衆は，「一定の歴史的段階における産物として」，「現代の技術的世界の枠のなかにすむ人間」として集合的に捉えられる[1]。このように大衆を理解する前提として，よく「公衆」という概念が対峙的に用いられる。この公衆という用語も大衆と同様に歴史的概念ではあるが，ここで注意を要することは，「公衆の時代」から「大衆の時代」への移行過程において，公衆が消滅してしまったわけではなく，公衆のもつ概念的意味内容が変化した形で存続してきているということを理解しておくことである。「つまり，過去における公衆は，定冠詞をつけた単一の公衆，つまり，ザ・パブリックであった。このいみにおける公衆は，『教養と財産』をもった一つの固定的な階層をなすひとびとであって，通常その人たちだけが，あらゆる問題に対して一かどの意見をもち，彼らの意見だけが，教養と財産をもたないひとびとの意見をも代表するものとされていた。……。こんにち，公衆という名でよばれているところのものは，単一の公衆ではなくて複数の形における公衆＝パブリックスである。つまり，間接的な接触やコミュニケーションによって

つくり出された共通の利害によって結びあわされているようなひとびとをさしている」[2]のである。

　このような精神的共通性や文化価値に対する関心で結ばれた歴史的存在としての公衆に対峙する大衆は，原子化，平均化，標準化，中間化，画一化，規格化，匿名化といったような一般的特徴を持ったものとして認識されている。このような言葉の中には，「人間が抽象化され，部分化され，一個の全体性，つまり人格を喪失していく過程への危惧の念がふくまれている」[3]のである。また，村上泰亮の言う新中間大衆も，「価値観の点でいえば，計画性（将来中心）・能率指向・仕事指向・社会的関心などの『手段的価値』から，現在中心・情緒指向・余暇指向・私生活指向などの『即時的価値』に傾きつつあって，少なくとも産業社会を支える新しい文化的リーダーとなることはありそうにもない」存在として，また，その意味で「産業社会の受動的な受益者ではあっても，能動的な推進者ではない」[4]存在として認識することもできよう。

　そういう特質を持った人びとの集合体である大衆の社会的性格[5]は，D.リースマンのいう「他人指向型」として類型的に理解することができよう。D.リースマンによれば，「他人指向型に共通するのは，個人の方向づけを決定するのが同時代人であるということだ。この同時代人は，かれの直接の知りあいであることもあろうし，また友人やマス・メディアをつうじて間接的に知っている人物であってもかまわない。同時代人を人生の指導原理にするということは幼児期からうえつけられているから，その意味では，この原理は『内面化』されている。他人指向型の人間がめざす目標は，同時代人のみちびくままにかわる。かれの生涯をつうじてかわらないのは，こうした努力のプロセスそのものと，他者からの信号にたえず細心の注意を払うというプロセスである」[6]。

　この人間類型としての他人指向型は，「伝統指向型」，「内部指向型」との関連でD.リースマンが理想型として，すなわち，分析の用具として使用するためにある一定の典型的な特徴を抽出して構成したものであり，現実その

ものをあらわす概念ではない。現実はこれらの型のどれかを純枠に表現するものではなく，いくつかの類型が混在しているわけである。ちなみに伝統指向型は，人口統計学的な視点から見れば「高度成長潜在的」な段階の社会に，経済発展の段階で見れば「第一次部門－農業，狩猟，鉱業」を基調とする社会に，そして，歴史的発展段階で見れば前近代的な封建社会や身分社会にそれぞれ対応しており，「その典型的な成員は，その同調性が伝統にしたがうことによって保証されるような社会的性格をもつ」[7]。このような「伝統指向の人間は，じぶんを個性化された個人としてみることがほとんどない」し，「心理的に自己や，じぶんの家族や，類似の集団から充分にじぶんじしんを切りはなしていない」[8]（＝自我の未確立）。しかも彼らの行動を律するものは「恥をかく」ことへの恐れであり，恥の概念が道徳的感情の中心的な位置を占めることになる。ただ，この場合の恥は「恥辱」という意味の恥であって，作田啓一が『恥の文化再考』（筑摩書房）で指摘した「はじらい」としての「羞恥」ではない。つまり，他人（＝「世間」）の眼や批評といった外部からの強制力に対する反応である。こうして伝統指向型は，外からの強制力としての伝統に適合する人間類型であると言える。

　また，内部指向型は，人口統計学的には「過渡的人口成長期」の社会に，経済発展の段階では「第二次部門－工業」を基調とする社会に，そして歴史的発展段階で見れば近代社会にそれぞれ対応しており，「その典型的成員の社会的性格の同調性は，幼児期に，目標のセットを内化する傾向によって保証される」[9]。この内部指向型の人間は，大いに伝統の規制（とりわけ第一次集団の規制）を受けながらも，幼いころから両親の手で心理的ジャイロスコープ（羅針盤）をうえつけられ，ジャイロスコープの許容する機動力の範囲内で，成人後も両親にかわるべき権威からの信号を受信し，羅針盤の示す針路に従って，すなわち内的な水先案内に従順に行動する。しかし，自分の内的な衝動や同時代人の気まぐれな意見などによってコースを踏みはずすときは「罪」の意識をおぼえる。そういう意味では内部指向型は，罪文化に対応する人間類型であると言えよう[10]。これらの人間類型に対峙する形で位置

づけられているのが他人指向型である。

このように人間を類型的にとらえれば，現代の高度産業社会（＝大衆社会）に生きる典型的な社会的人間は他人指向型としてとらえることができる。そうであるならば，今日の高校生もまた，その枠組みから大きくはみでることはない。高等学校同和教育実践課題研究委員会が，1984年7月に実施した「高校生の生活と意識に関するアンケート」の調査結果を見ても，その特性は濃厚に映し出されている。例えば，高校生活で最も重点を置いていることのトップは，「友人との交際や交遊関係」（41％）であり，興味・関心についても「芸能人・タレント」（「強く関心を持っている」39％，「時により関心を持っている」47％），あるいは「コマーシャル・流行語」（「強く関心を持っている」16％，「時により関心を持っている」63％）には高い興味・関心を示している。また，これらの興味・関心は，テレビやラジオ・週刊誌といったマス・メディアによって増幅されていることも明らかにされた。その反面で規範意識がくずれ，価値観が揺れ動いているという実態も明らかにされた。例えば，「カンニング」の経験については「1回位はある」（13％），「数回はある」（11％）をあわせれば4分の1になるし，「弱い者いじめ」についても23％（「1回位」11％，「数回」12％）が経験している。「自転車やかさなどの無断借用」についても16％（「1回位」7％，「数回」9％）に達する。また，友人が「カンニング」をしたとき「見て見ぬふりをする・放っておく」と答えた生徒は実に43％に達し，「教師への暴言」についても41％の生徒が同様の態度をとるという結果がでている[11]。

これらの結果からしても，現代高校生における個人の方向づけに対する決定が「同時代人」によってなされているということは容易に推察できるし，また，その同時代人が持つ文化的特性が一般に「大衆文化」としてとらえられるならば，現代高校生もまた大衆文化の担い手の一員でもありうることになる。この大衆文化は，大量に複製可能なものや伝達可能なものがその文化の内容と質を決定するという意味で「大量文化」であり，また，創造性・独創性よりも通俗性・反復性に依存し，個性の犠牲において思考や感情や趣味

の画一主義を促進するという意味で「画一文化」であり，さらに，「高級文化」や「野蛮文化」とも重りあいつつ，膨大な中間的領域を占め，それが膨大な中間階級あるいは中間層を産みだしていくのと軌を一にしているという意味で「中間文化」であり，そのうえ，若い世代，すなわち青年層がより多く関係性あるいは親近性を持つという意味で「青年文化」である[12]，という多元的意味内容を持つ文化として位置づけられる。

このように現代高校生がおかれている社会的・文化的背景を大雑把にとらえたうえで，また，それらとの関連性を持たせた形で，定時制生徒が持つ「偏見」や「差別」の意識構造の一端を解明していくことにしたいと思う。「人間の意識が彼らの存在を規定するのではなく，彼らの社会的存在が彼らの意識を規定する」[13]というK.マルクスのテーゼを持ち出すまでもなく，人間の意識構造の解明には，彼らのおかれた社会のしくみ，あるいは政治・経済・文化の構造等の把握が不可欠であることは多言を要しないが，本稿においてはそこまで十分に立ち入って解明するだけの準備を持ちあわせていない。従って，現象面での表層的な把握に陥ってしまう危険性を多分に内包しているということを懸念しつつも，それをできるかぎり克服しうるような方向で若干の分析を試みていくことにしたいと思う。

そこで，具体的に何を分析するのかということであるが，本稿では主として，滋同教高校連協湖北地区協議会が過去3年間にわたって実施した「同和教育統一アンケート」（以後「統一アンケート」とする）と，校内同和教育の一環として実施した映画鑑賞に関する生徒の感想文をその対象としたいと考えている。

第2節　「同和教育統一アンケート」に見る定時制生徒の意識構造

最初に「統一アンケート」の概要について述べておこう。この「統一アンケート」は，滋同教高校連協湖北地区協議会（構成メンバー：伊香高校，虎姫高校，長浜高校，長浜北高校，長浜農業高校，長浜商工高校全日制・定時制，長浜養護学校，伊吹高校，米原高校）が，1982年度から毎年5月に新入

生を対象にして実施しているものである（ただし，虎姫高校は同時期に独自のアンケートを実施，長浜養護学校は不参加，伊吹高校は1983年度より参加）。サンプル数は，湖北全体が1982年度1,601人，1983年度2,043人，1984年度2,100人，トータル5,744人，本校（長浜商工高校定時制）生徒がそれぞれ17人，20人，18人，55人となっている。

「統一アンケート」の質問項目は全部で18であるが，それは大きく3つの柱から構成されている。1つは，新入生の高校生活に対する「理想」と「現実」とのギャップについて，2つ目は，差別・被差別の体験・経験について，3つ目は，部落差別に対する認識と展望に関するものである。

以下で，本校生徒を主体に順次比較分析を行い，それぞれの特徴の輪郭を明らかにしていきたいと思う。ここで若干補足しておかなければならないことは，各パーセントは過去3年間のトータルのアベレージであるということである。このようにした理由の第1は，彼らを包括的に同時出生集団＝「年齢コウホート age coharts」としてとらえることができるということであり，その2は，それに関連して各年度ごとの生徒集団間に大きな変化が見られないということであり，その3は，これは便宜的な理由であるが，本校生徒の絶対数が少なく，各年度ごとの統計では正確な数値が出てこないという理由による。

1．新入生の高校生活に対する「理想」と「現実」とのギャップ

まず，新入生が高校生活に対してどのような期待を抱いているか見てみよう。何らかの目的意識を持って入学してきた生徒（＝「目的型」）は，本校70.9％，湖北全体86.4％で，「無目的型」は本校21.8％（「何となく高校生活を楽しむ」18.2％，「何にも期待しない」3.6％），湖北全体13.5％（10.4％，3.1％）となっている。この結果から本校生徒の目的意識の相対的希薄さが指摘できるのであるが，その内容を検討してみると，「社会人として生きていく基礎学力を身につける」ことを目的としている生徒は36.4％で，湖北全体よりも10.2ポイント高い（湖北全体26.2％）。しかし，「友だちをつくる」ことを目的としている生徒は18.2％で，湖北全体と比較すればはるかに低い

（湖北全体32.0％）。

　そこで，実際に高校生活を送る中で最も意欲を燃やしているものを見てみると，「部（クラブ）活動」がトップを占めている（本校生徒29.1％，湖北全体33.4％）。その他「友だちとの交際」は本校生徒14.5％，湖北全体28.1％，「授業」は本校生徒21.8％，湖北全体9.8％となっている。しかし，「特にない」と答えている生徒は，本校27.3％，湖北全体24.1％となっており，生徒の4分の1が「無気力型」であるという結果になっている。

　この2項目の分析結果から次のようなことが言えるであろう。生徒の多くは，基本的に何らかの目的意識を持って入学している。特にその中で，「基礎学力を身につける」ことと，「友だちをつくる」ことに重点がおかれているのであるが，実際の高校生活の中では「授業」に対する意欲の喪失が顕著にあらわれている。この学習意欲の喪失を補償しているのが「部（クラブ）活動」であるが，また他方では，学習意欲の喪失がストレートに無気力に結合してしまっている。ただ本校生徒の場合には，より高い率で「無気力型」を「無目的型」の延長線上でとらえることができよう。

　次に，登校に関する意識を見てみると，「登校したくないと思ったことはない」と答えた生徒（＝「正常型」）は，本校50.9％，湖北全体35.3％である。それに対して「拒否型」は，本校生徒49.1％（「ときどきある」27.3％，「よくある」21.8％），湖北全体64.2％（53.6％，10.6％）となっており，登校拒否の意識化は，湖北全体と比較すれば相当低いといえる。しかし，生徒の半数が拒否反応的傾向を示している現実も無視できない。そこで，なぜ登校拒否をしたいと思っているのかということについて見てみると，大きく3つの要素があげられる。1つは，学校教育に対する拒絶反応である。これについては，本校生徒と湖北全体とではかなり異なった傾向を示している。つまり，本校生徒の場合には「教師」に対する拒絶反応が最も高く，それが「授業」に対する拒絶反応と相関関係にあるということである。ちなみに，「教師」に対する拒絶反応は，本校生徒29.6％，湖北全体13.3％，「授業」に対するそれは本校生徒25.9％，湖北全体41.5％となっている。その他，「宿題」（本校

生徒7.4％，湖北全体18.1％），「テスト」（本校生徒7.4％，湖北全体26.0％）に対する拒絶反応もあるが，それらは相対的にかなり低い。2つ目は，「健康状態」（本校生徒31.0％，湖北全体28.4％），3つ目は，「ただなんとなく」（本校生徒59.2％，湖北全体42.3％）という漠然とした「理由」である。この漠然とした「理由」も本校生徒に多いわけであるが，このような理由の背景には，①入試以前の段階ですでに将来の展望に対して明るい見通しを持っていない，②その上，入試の段階で挫折感・敗北感を味わっている，という要因が一方で横たわっている。これらの要因は，全日制高校へ進学した，あるいは進学できた同年齢集団（特に同級生）との比較から生ずる一種のコンプレックスが基底部分を構成していると考えられる。それと今ひとつ，「信頼できる友人がいない」という環境条件からくる孤独感とがあいまって高い率を示していると考えられる（本校生徒の場合，信頼できる友人を持っている者は41.8％で，持っていない者は58.2％もいる。湖北全体の場合には，それぞれ80.8％，19.2％となっている）。そのような要因が重なりあって，生徒の心の深層部に定時制高校に対する"暗いイメージ"が形成され，さらにそれが，虚無感や虚脱感あるいは疎外感を形成し，次第に学校から遠ざかっていくというコースを準備していく。

2．差別・被差別の体験・経験

そこで次に，高校生が地域社会や学校社会の中で日常生活を営んでいく際に，どのような差別や被差別を体験し経験したのかということについて少し検討しておこう。一般に差別（discrimination）とは，「特定の個人や集団に対して，彼らに付随する固有な特徴を考慮するとしないとにかかわらず，彼らを異質な者として扱い，彼らが望んでいる平等待遇を拒否する行動。すなわち差別は，自然的ないし社会的カテゴリーに根拠をおく区別を前提としてなされる一切の行動である」[14]と定義づけられている。

このように，差別は行為概念であるが，それは一般に「偏見」という態度概念と強い関連性を持つものとして理解されている。この両者の関係について，今野敏彦は次のように指摘している。「偏見の主要な意味は，要約的に

いえば，他者に対する敵意ある態度である。差別は他者に対し不利なとり扱いをするという意味である。つまり，偏見は，それが表現される場合と表現されない場合があるとはいえ，とにかく感情に関するものであり，差別は，行為に関するものであるといえよう。偏見と差別は，決して同一のものではない。さらに，差別は，単なる結果，つまり偏見の実際面でのあらわれではないのである。この点は誤謬を犯さないようにしなければならない。偏見がなくとも差別は存在するし，また差別はなくとも偏見は存在する。もちろん相関関係はある。すなわち，偏見をもっている人間ほど，かれが非好意的である対象に対して差別を行なうという傾向は強い。しかし，現実の生活において，それらの間に一対一の関係がない場合も数多くみられるのである」[15]。

また，偏見と差別は，歴史過程の中で，「人間社会のさまざまな領域において，それぞれ独自なタイプで存在するが，諸領域における偏見と差別は相互依存，相互関連性をもって，一つのトータルとして運動しているものと把握できる」のであり，それゆえ，「総体としての偏見と差別の問題が理解されねばならないのである」[16]と言える。

さらに重要なことは，態度としての偏見も，行為としての差別も，ともに生得的なものではなく，「個人の社会化の過程」において，徐々に，しかも長期にわたって学習され，習得されていくものだということである。すなわち，われわれの他者や他集団に対する態度と行動は，われわれにとって身近な存在者（例えば，両親，家族，仲間集団など），あるいはみずからの人生経験や体験から獲得されていく。言葉をかえて言えば，「偏見と差別とは，われわれがもっている生活空間の中で，生活を共にする範囲－つまり地域社会的な広がりにおける社会的慣習に従う」中で，「所属集団の集団的規範に順応」していく中で形成されていくのである[17]。

そうであるとすれば，偏見や差別を「文化」の側面で，すなわち，人びとの生活様式や行動様式や言語様式との関連で問題化し，切りこんでいく姿勢が要請されてくることになる。ここでいう文化とは，「習得された行動と行動の諸結果との綜合体であり，その構成要素が或る一つの社会のメンバーに

よって分有され伝達されているものである」[18]と理解しておこう。

以上の諸点に留意しつつ,「統一アンケート」の分析を進めていこう。ただ,ここで対象とする差別は「社会的差別」である。

まず,被差別の体験については,「ある」と答えた生徒は,本校32.7%,湖北全体19.4%,「ない」は本校生徒29.1%,湖北全体35.9%,「わからない」は本校生徒38.2%,湖北全体44.7%となっている。被差別を体験した生徒を内容別に見てみると,湖北全体では「仲間はずれや弱い者いじめ」(51.1%),「ひどいあだ名や容姿による差別」(30.6%)に収斂される。ところが本校生徒の場合には,「仲間はずれや弱い者いじめ」(33.3%)を筆頭に,以下「成績による差別」(11.2%),「ひどいあだ名や容姿による差別」(5.6%),「部落差別」(5.6%),「身心障害による差別」(5.6%),「男女差別」(5.6%)など被差別の内容が多岐にわたり,かつ拡散化している。

他方,差別の体験については,「ある」と答えた生徒は,本校34.5%,湖北全体34.2%,「ない」は本校生徒21.9%,湖北全体18.4%,「わからない」は本校生徒43.6%,湖北全体47.4%となっている。差別の内容を見てみると,「仲間はずれや弱い者いじめ」(本校生徒63.2%,湖北全体54.8%),「ひどいあだ名や容姿による差別」(本校生徒15.8%,湖北全体31.1%)が主要なものである。

さらに,身近に人が差別されたことを見聞した経験については,「ある」(本校生徒32.7%,湖北全体48.0%),「ない」(本校生徒21.8%,湖北全体18.4%),「わからない」(本校生徒45.5%,湖北全体33.6%)となっている。差別の内容については,「部落差別」(本校生徒44.4%,湖北全体24.8%),「仲間はずれや弱い者いじめ」(本校生徒27.8%,湖北全体42.5%),「ひどいあだ名や容姿による差別」(本校生徒11.1%,湖北全体19.9%)などがあげられる。

さて,これらのデータから差別・被差別の体験・経験における特徴を抽出してみよう。特徴の第1は,「わからない」という回答の占める割合が本校生徒,湖北全体とも共通して高いということである。これは何を意味してい

るのであろうか。考えられることは,「社会意識としての差別観念」[19]が自己の中に構造的に意識化されえないような社会環境に浸ってきた,あるいは埋没してきていることの結果のあらわれであるということである。その背景には,大衆社会が生み出した大衆文化の影響があることは十分に考えられることである。

特徴の第2は,差別体験・被差別体験および見聞という形での経験,いずれにおいても「仲間はずれや弱い者いじめ」が圧倒的に多いということである。この実態の背後には,スケープゴーティング (scapegoating) の行動様式が生徒間にかなり普遍化しているということが考えられる。スケープゴーツ (scapegoats) とは,「心理学的には,フラストレーションから生まれる攻撃性を直接その原因にむけることなく,他の対象に転嫁し,うっせきしたエネルギーを解放する際に設定される対象を意味する」[20]。そこには,丸山真男が日本人の精神史において指摘した「抑圧移譲の原理」が多分に機能していると考えられる。丸山のいう抑圧移譲の原理とは,「上からの圧迫感を下への恣意の発揮によって順次移譲して行く事によって全体のバランスが維持されている体系」[21]であるが,それが防衛機制における自己の合理化過程の中で作用する。つまり,「自由なる主体的意識が存せず各人が行動の制約を自らの良心のうちに持たずして,より上級の者の存在によって規定されている」[22]という状況の中で現象する行動形態であると言えよう。それとの関わりで,今ひとつ考えられる要因は,自我の未熟さと「権威主義的性格」である。我妻洋によれば,これらに特徴的な点は,「他人や特定の集団を見下し,その劣等性を軽蔑し,自分の方が優秀なのだという,根拠のない優越感を抱き,これにすがりつくことによって,辛じて自己内心の弱小感や無力感や劣等感をカバーし,補償しようとする傾向」[23]にあるということである。

3.部落差別に対する認識と展望

社会的差別の最も典型的なもののひとつが,部落差別に関する問題であることは言をまたない。今日の「部落への差別が,相変らず,日本人にとって未解決の深刻な問題であり,社会的恥辱であるのを理解するのは,容易であ

る」[24]。しかし，我妻も指摘しているように，「部落差別が，現代の日本にも根強くつづいていることを知らない日本人は，割合いに多いのではないだろうか。また，部落の人々に対する自分の感情や，部落の人々について自分が漠然と抱いているイメージが，差別的感情であり，偏見であることに，気がついていない人々も，案外に多いのではないか」[25]。そこで最後に，部落差別に対する生徒の認識と今後の展望について若干言及しておこう。

まず最初に，部落差別を知った時期についてであるが，生徒の大半は「小学校高学年」（本校生徒36.4％，湖北全体49.0％），「中学校」（本校生徒38.2％，湖北全体36.5％）段階で，部落差別の一般的存在を知ったという結果になっている。その際，彼らはどのような情報ルートによって，部落差別を知ったのかと言えば，「教師」（本校生徒49.1％，湖北全体48.9％），「家族」（本校生徒27.3％，湖北全体28.7％），「友だち」（本校生徒5.5％，湖北全体10.5％）といった，いわゆるパーソナル・コミュニケーション（personal communication）によって，あるいはフェイス・ツー・フェイスの人間関係を通じてその存在を知ったのである。それに対して，「テレビ・ラジオ・映画」といった映像メディア・音メディアを通じて知った生徒は，本校7.3％，湖北全体5.8％であり，また，「新聞・雑誌・本」といった活字メディアを通じて知ったものは，本校5.5％，湖北全体2.9％となっている。つまり，マス・コミュニケーションを通じて部落差別の存在を知った生徒は，本校（12.8％），湖北全体（8.7％）ともにきわめて少数なのである。

次に，同和地区の歴史的起源に関する理解状況（認識度）を見てみると，「政治起源説」（＝「封建時代に支配をしやすくしようとする政治的な力かはたらいて，徐々にでき上っていった」）を正しいとしたのは，本校生徒で47.3％，湖北全体で60.0％となっている。ところが，原因と結果を逆に理解しているような「職業起源説」（＝「人のいやがる職業についている」）や「ドロップアウト説」（＝「社会から落伍した人々が集まってきて，徐々にでき上っていった」），さらには，科学性を持たない偏見に基づく理解としての「人種起源説」（＝「むかし朝鮮や中国から渡来してきた人々が集まり住んで

自然にでき上っていった」)や「宗教起源説」(=「宗教的に禁じられていることをしていた人が集まり住んで自然とでき上っていった」)を正しいとしている生徒もかなりの数にのぼっている。ちなみに、「人種起源説」は本校生徒18.2％、湖北全体5.1％，「職業起源説」および「宗教起源説」は両方あわせて、本校生徒12.7％、湖北全体20.8％，「ドロップアウト説」は、本校生徒16.4％、湖北全体9.5％となっている。

　さらに、部落差別が現存している理由については、「差別を利用するような社会のしくみが存在しているから」と答えた生徒は、本校16.4％、湖北全体21.4％にとどまっている。それに対して、「差別される人が言動や心がけを改めないから」は、本校生徒32.7％、湖北全体16.8％、「差別をする人が言動や心がけを改めないから」は、本校生徒29.1％、湖北全体43.7％、そして、「今までの同和教育が不十分だから」は、本校生徒14.5％、湖北全体12.0％となっている。

　これらの結果から、次のような特徴を指摘することができるだろう。第1は、同和地区の歴史的起源に関する知識としての理解度は高いが、これは主として学校教育によって、すなわち、教師を媒介にして「通説」としての知識のガイドラインを一応身につけている結果によるところが大きいと考えられる。ただ、本校生徒の場合には、湖北全体と比較すれば、かなり知的理解度が低いが、これは多分に知的な能力差によるものと考えられる。

　第2は、「通説」以外の「理解」も相当多いのであるが、このような「理解」の背景には次のような要因が存在していると考えられる。すなわち、これらの生徒の多くは、社会化の過程で科学性を持たない偏見を「文化的規範」として受容してきた。とりわけ偏見の取得は、主として学校社会以外での社会化の環境において、言いかえれば、両親や家族や仲間集団や地域社会といったような環境においてなされてきたと言えよう。そのことはすでに見たように、部落差別に関する情報獲得ルートのうち、「家族」や「友だち」の占める割合がかなり高いという結果からもうかがい知ることができる。「家族」や「友だち」の非科学的かつ表層的理解を、彼らが社会化の過程の中で取り

こんでいったことの反映として理解することもできよう。

　第3は，部落の起源に関する理解と，部落差別が現実問題として存在していることの原因に関する理解との間に大きなギャップが見られるということ，すなわち，両者の理解度の間に相関関係が見られないということである。このことは，部落差別が本質的に構造的なものとして現存しているということについて意識的認識がなされていないことを意味する。部落解放同盟によれば，「差別は部落民を直接に搾取し圧迫することだけが目的ではなく，封建時代における身分差別は，経済的には，その時代の主要な生産力の担い手であった農民の搾取と圧迫をほしいままにすることと，政治的にはその反抗をおさえるための安全弁として利用された。明治維新以後における日本の資本主義の初期の段階においては，資本の原始的蓄積の手段として部落差別が利用され，今日，独占資本主義の段階においては，独占資本の超過利潤追求の手段として部落民を主要な生産関係から除外し，部落民に労働市場の底辺を支えさせ，一般労働者の低賃金，低生活のしずめとしての役割を果たさせ，政治的には部落民と一般勤労者を対立させる分割支配の役割をもたされている」と規定している[26]。これは，あくまでもある特定のイデオロギー的立場からの規定であるが，差別観念もしくは差別意識が，封建的生産関係を基礎として形成され，それが，今日の資本主義的生産関係において利用され，強化されているという認識のもとで理解されている点は評価されえよう。ただ，生徒たちがこのような構造的理解をしきれていないという実態と，また他方では，このような理解を多分に「モラトリアム人間」的性質を持つ現代高校生に求めることの困難さが，起源に関する理解と差別存在の理由に関する理解との間のギャップを生んでいると言えよう。またそのことが，「差別される人が言動や心がけを改めないから」とか，「差別する人が言動や心がけを改めないから」という段階での理解（これを「表層的理解」と言っていいかもしれないが）にとどまっているという結果となってあらわれているように思える。この点に関しては，湖北全体が後者の立場で，本校生徒が前者の立場でより多く「理解」している点が注目に値する。

これらのことを基本的に理解したうえで，さらに同和対策事業および部落差別の将来的展望について見ておこう。同和対策事業については，本校生徒の69.1％（「よく知っている」16.4％，「少し知っている」52.7％），湖北全体の60.4％（「よく知っている」5.3％，「少し知っている」55.1％）が認知している。ところが，「同和対策事業が差別の解消に役立っていると思うか」という質問に対して，「思う」と答えた生徒は，本校10.5％，湖北全体16.6％と極めて低い。それに対して，「思わない」と答えた生徒は，本校68.4％，湖北全体40.9％となっている（「わからない」は，本校生徒21.1％，湖北全体44.9％）。この結果をどう理解すべきであろうか。考えられることのひとつは，この結果を「逆差別」意識の反映としてとらえられないだろうかということである。八木晃介は，逆差別を次のようにとらえている。「逆差別とは何か。それは字義どおり解釈すれば＜逆の差別＞，すなわち，何らかの事情変化により，差別する側が差別される側によって＜差別＞される，という転倒現象のことであろう。被差別者が差別を受けるのではなく，差別者が被差別の対象に転化するということが，字義どおりの＜逆差別＞であり，仮に真実そのような事態が登場しているならば逆差別論は意味をもつであろう。しかし，そうではないとすれば，逆差別論は虚偽の議論でしかない」[27]。そして八木は，逆差別意識を「ねたみ意識」としてとらえる。すなわち，それは，「『同和』対策事業によって比較的環境改善が進捗した被差別部落の周辺部分に位置する一般貧困層の間にみられる意識である。いわば『隣に倉が建つと腹が立つ』の心情構造であり，他者の相対的上昇が自己の相対的低下をもたらすと思念する錯覚でもある。部落の低位性になれしたしみ，それを当然視する意識が根底に存在している。その結果，＜差別を受け，低位に位置する＞ことを否定しはじめた被差別者の相対的上昇がどうにも我慢のならないことに見えて，ねたみ意識を覚えるのであり，これは明らかに差別意識の追認ということにならざるを得ない。本来的には，部落周辺の一般貧困層も部落大衆同様貧しいのであるから，両者の要求が統一されれば共同運動として成立する客観的条件があるにもかかわらず，長い間の民衆分断の差別政策に

わざわいされて，想定すべき"敵"を見誤まる，それがねたみ意識の本質であろう」[28]。このように逆差別意識をねたみ意識として一元的にとらえることが正しいのかどうかの判断を，この段階ではなしえないが，生徒の心の深層部にそのような意識が潜んでいる可能性は十分に考えられるところであるし，またそのことが，部落差別の将来的展望に対する見通しの暗さに結びついているとも考えられる（「努力すればなくなる」と答えた生徒は，本校18.2％，湖北全体44.0％で，それに対して，「なくならない」と答えた生徒は，本校60.0％，湖北全体28.4％となっている）。特に，本校生徒の場合には両者の結びつきがきわめて強いと考えられる。

以上で，「同和教育統一アンケート」の比較分析をひとまず終え，次にそれとの関連で，本校が校内同和教育の一環として実施した同和映画鑑賞についての生徒の感想文から，彼らの「偏見」「差別」に関する意識構造，すなわち，そのホンネの部分を検討してみようと思う。

第3節　同和映画鑑賞の感想文に見る定時制生徒の意識構造
1．「夜明けの旗」に関して

まず，1984年10月に鑑賞した，「解放の父」とよばれている故松本治一郎の半生涯を描いた「夜明けの旗」に関するものから検討してみよう。この映画の中では，当時の部落差別の具体的な実態がリアルに描き出されていた。例えば，労働における差別（地主の下で働く部落民の差別待遇），結婚差別，不浄観に基づく差別（部落民の葬儀に際して起った差別），報道における差別，軍隊内での待遇差別，裁判における差別などが，この映画の中に盛りこまれていた。鑑賞後，生徒に感想文を書いてもらったところ，実にさまざまな反応を示した。それを類別して以下で検討してみたいと思う。

もっとも多かったのは，部落差別が自分たち一人ひとりにとっても解決すべき問題であるとする主体的課題化の契機からかなり遠くかけはなれて，ただ傍観者的な立場から，しかもより同情的に部落差別をとらえているということである。次のような例は，それに該当するであろう。

「僕は部落の人たちがとてもかわいそうだと思います。」（A男）

「私は，映画をみて，ひどいなあと思った。同じ人間なのにどうして部落の人だけがあんなにされるのか，かわいそうだと思う。」（B子）

「私は映画をみてかわいそうだなあと思った。あんなに部落を差別しなくてもいいと思う。」（C子）

「僕は，同和教育という言葉は中学生のときはじめて聞きました。映画をみたり，話を聞いたりしてかわいそうだと思いました。早くこんな差別がなくなったらいいと思います。」（D男）

「差別は昔はひどかったかもしれんけど，今は何もないと思う。……。自分が住んでいる村が差別されたりしたらやっぱりかなんと思うし，こういうことはこれからはなくした方がいいと思う。」（E男）

「この映画をみて，部落差別というものはすごいと思いました。私たちのところにも部落差別がありますが，昔はすごくひどかったんだなあとつくづく思います。おばさんたちが口々にする言葉，『あそこの部落は……』。私が聞いているとものすごいことをいっている。うちの人たちも，『あの部落のものとは付き合うな』とよくいわれます。もし，部落の人と結婚したりすれば一生くどくどと何かいわれながら暮らしていかなければならない。それに友だちも少なくなってしまう。部落差別なんてしなくてもいいと思うのに，部落差別なんてなくしたらいいのにと思う。」（F子）

また，部落問題をかなり否定的な立場からとらえている生徒もかなり存在したが，その「否定型」をさらに分類してみると，みずからの体験・経験を通して否定的な立場を示しているものと，そうではなしに，「思い込み」に基づいて観念的に否定しているものとに分けることができる。

(a) 前者の例

「同和問題については，なくなるとは思わない。……最近は逆差別がある。『自分は部落の者だ』といってこちらを差別する人間もいる。もちろん中にはいい人もいる。でも俺は，部落の人間だといって悪いことをする人間を何人も見てきた。だから，そういう人間がなくならないと，この差別問題は解

決しないと思う。俺は映画など見せられると腹が立つ。部落以外の人間ばかりに『差別するな』といっても無理だと思う。」（G男）

「私は同和地区のある町で小学校・中学校時代をすごしました。私は多感な時期を地区の人々と同じ教室ですごしたのですが，『夜明けの旗』の中に見た人々と共通するものは見てきませんでした。確かに彼らの一部は，自分は不当な差別を受けていると感じ，それについて考える者もあったでしょう。しかし，彼らの多くは，同和地区に住んでいるのだから何をしても自分たちをとがめる者は誰もいない。そのように考えて他のみんなにいやがらせをし，前よりももっときらわれていく人々でした。私たちに見える姿はそんなものでした。しかし，あの『夜明けの旗』に出てくるような人々は，その地区にも少数いたことは認めます。でも，彼ら全体の姿といえばどうしても自分勝手な行動をする人々の方が前面に出て来てしまいます。映画の中に出て来た人々には共感を覚えます。彼らのような人々ばかりなら良かったのに，そんな人ばかりなら次の世に差別は残らないと思う。」（H男）

(b) 後者の例

「同和問題は，絶対になくならないと思う。……。国の代表者や学校の先生などでも我が子が同和地区へ嫁に行くとか，同和地区の女性をもらうことになったら100人が100人反対すると思う。」（Ｉ男）

特に前者の場合には，個人の社会化の過程において，「現実環境」（W.リップマン）＝「客観的環境」から部落の人びとの実態（その実態は，あくまでも"部分としての実態"にすぎないが）を認知し，そのことがイメージ化されて一定の固定観念が形成されている。それが「類似環境の環境化」[29]の中で深化していっている。そういう点に特徴があるように思える。

その他に次のような感想文もあった。

「昔，両親から何となく聞いた覚えがありますが，こんなにも差別がひどいとは思ってもいませんでした。今の私には信じられません。見ていても腹がたってきました。同じ人間なのに，どこも違ってはいないのに，そう思いませんか。私の近所に部落があります。『そこを通るときに，犬や猫をひく

とひどい目にあう』といつもお年寄りはいっています。……。また近所に肉屋さんがあります。『何か相談事があったらあの人に頼むと解決するに，何しろ普通じゃないから』と聞きます。……。どうしたら差別がなくなるか，これはやはり永遠のテーマだと思います。『今度生まれて来るときは，部落には生まれたくない』といっていましたが，あの状態ではそう思いたくなります。部落の人達が妙に団結心が固いのも，そうしなければ生きてはいけなかったからでしょうか。部落に生まれたら結婚も自由にならないなんて，今の私にはとても考えられないことです。おまけに，死んだ後も『かまがけがれる』といわれなければならないなんて全くひどいとしかいいようがありません。」（J子）

　「昨日の映画は，涙を流してみていました。あの映画は，中学生の時に一度みているが，その時は『松本さんって人は偉いなあ』とか，『小林君痛っただろうなあ』とか，『もし私が部落に生まれ育っていたら一生父母をうらみ，にくんでいただろうなあ』とか書いたことを思い出します。でも昨夜は中学生のときと違ったみ方ができ，感動して涙が出ました。あんな映画の見方をしたのははじめてです。またこうやって机の上に紙をのせて感想文を書くと，また涙が出てきそうです。私は昨夜の映画に出てくる人を自分におきかえて見ていました。……。昨日の映画の中では，一人の人を中心に，どんなにつらいことがあろうとその困難を乗りこえ一生懸命やっている。それなのに，みんな自分勝手なんだ。自分がもし部落の人間だったら，差別される側の人間だったら……。また私には差別される側より，差別をしている人の方がものすごくみじめにみえました。」（K子）

　「私は火葬場でホトケを火葬してくれなかった場面が一番脳裡に刻まれている。同じ人間なのに何故『けがらわしい』『きたない』『かまがよごれる』などといわれなければならないのか。私は今まで同和地区の人達がそのように差別されるところを見たことがなかったし，そういう話もあまり耳にしたこともなかった。会社に一人同和地区の人がおられるが，とても良い人で私は仲良く話をしたりしている。その人が入社される前の日くらいに現場のお

じちゃんが『今度来る人は部落の人やで』といっていた。私は『そんでなんなん』と思った。……。絶対にしてはいけない『差別』というものが今もなお続いている。こんなおかしなことがあっていいのかと思う。私は差別反対運動があったらぜひ参加したいと思っている。」（L子）

これらに共通していることは，多分に感覚的な視点で差別事象をとらえている点にあるが，しかし，不十分ではあっても，差別問題を自分たちにも関わりを持つ問題としてとらえようとする傾向性もうかがわれる。

2．共同鑑賞映画「結婚」に関して

今ひとつ，同年10月に滋同教高校連協湖北地区協議会が，共同事業の一環として実施した共同鑑賞映画「結婚」についての生徒の感想文を見てみよう。この映画「結婚」は，世界人権宣言35周年を記念して企画，製作されたものである。1965年の同和対策審議会答申の中に「結婚に際しての差別は部落差別の最後の越え難い壁である」と述べられているように，結婚をめぐる差別問題は，今日，部落差別の中でもとりわけ深刻な問題として位置づけられている。そこで，この深刻にして困難な結婚問題を差別との関連でとりあげてみたのであるが，ここで映画「結婚」のあらすじを『共同鑑賞のしおり』から紹介しておこう。

上野茂は小さな出版社の編集部員，桜井良子はある総合病院の外科病棟の看護婦です。この２人の交際はもう３年越しになりますが，働く２人のデートは思うにまかせません。けれども，２人の愛は確実に育って，茂は良子との結婚を考え始めていました。

そこで，夏の休暇を利用して，２人っきりでドライブに出る約束をしていましたが，旅行出発の直前になって良子の母が心臓発作をおこしたため，良子は旅行を中止して四国の実家へ帰ることになりました。良子を空港まで送っていくとき茂は家へ見舞いに行くと言い出しました。良子は，突然顔色を変えて反対しました。良子の反対にはわけがあったのです。

久方振りに故郷へ帰った良子は，海を見下すみかん畑で茂とのことについ

て兄栄一と話し合います。栄一は「部落出身者であることを打ち明けた上で，相手の愛情をたしかめてみろ」と忠告します。しかし，父勇作は「言わんでもええ，言えばこの話はだめになる」と告げます。兄と父の愛情のはざまに立って，良子は悩み苦しむのです。

　翌日の午後，年に一度の祭りで賑わう宇和島市をぬけて，茂が良子の家に到着しました。良子の家では心づくしの郷土料理をふるまいながら，兄栄一が話をもち出そうとしますがなかなかその機会がありません。そのとき，良子が「兄さん私が話す」といい出しました。

　海岸へ出た良子は茂に，「私に弘子という従姉がいたが，部落出身ということのために恋人に捨てられ自殺してしまった，だから，私は誰も好きになるまい，結婚なんかすまいと思うとった」と告げます。はじめて聞く話に茂はひどく驚いたが，この告白により，良子への愛は確かなものになったのです。

　東京へ帰ってから茂は，結婚に反対する伯父啓介の考え方に屈せず，また，世間体を気にして不安がる母峯子を納得させ，更に作家柳沢幸平の励ましを受けて彼女と結婚する決意を固め心をこめて結婚の申込みをします。

　このように，多くの苦悩・障害を克服して茂と良子は目出たく結婚します。それからおよそ1年半後，初孫を伴った母峯子，茂，良子夫婦の一家4人は四国の良子の実家を訪れ，出迎えた実家の人々と人生の幸せをたしかめ合います。

　次に，この映画についての生徒の感想文の中からその特徴的な点を検討してみよう。第1は，「夜明の旗」同様，傍観者的な立場でとらえているタイプの生徒が多かったということである。その典型的な例をあげておこう。

　「……部落の人は，かわいそうだと思います。」（A'子）
　「……部落差別が，早くなくなればいいと思った。」（B'男）
　「ぼくも，いつまでも差別していてもしょうがないと思った。」（C'男）
　「……昔のことなんだから，今はもう関係ないから忘れればいいのに。」

(D'男)

　第2は，結婚問題を自分たちにとっても身近に存在するものとして，また，そうであるが故に，いつかは自分自身の問題として考えなければならないものとして受けとめているタイプ（＝内省型）である。その代表的なものをあげておこう。

　「もし自分が部落の人と結婚したらどうなるか，などと考えたこともなかったが，この映画をみてつくづくそれを考えさせられた。……。部落出身だというので結婚に反対されて駆落ちだとか別れたりする人がいるが，この2人はみんなを説得して本当の幸せをつかんだ。僕がもしこの2人の立場だったら，はたしてこのようにできただろうか，みんなを説得させる勇気があっただろうか，と考えさせられた。」（E'男）

　「普段，差別はいけないといっていても，もし自分の子供から同和地区の人と結婚したいといわれたら反対するかもしれないと思う人がよくある。本人同士は好きだということでいいだろうが，親にとってみれば，『子供が不憫だ』とか，『世間の目が……』とかいうことで反対するのかもしれない。もし私がその立場だったらどうするだろう。」（F'子）

　「同じような顔をし，同じような血が流れている人間を，住んでいる所がどうのこうのといって差別するのは本当におかしいと思います。差別をつくったのが人間なら，それをなくすのも人間だし，それをつくったのならなくすこともできるのではないでしょうか。僕自身何度か差別をしたり，されたことがあります。だから差別される人の気持も少しはわかります。……。今必要なのは，差別の背景にあるものを考え，それを克服する力を身につけることだと思います。」（G'男）

　「結婚差別，これは部落の人達だけでなく，私達の心のなかにあるゆがんだ考え方やものの見方が生み出していくのではないでしょうか。」（H'子）

　第3は，「割り切り型」あるいは「ドライ型」である。例えば次のようなものが該当するであろう。

　「ほんとうの意味で人を愛することができるのなら，差別が発生するわけ

は全くないと思う。」（I'男）

「私自身，この人なら一緒に生活していける，また，この人にだったらどこまでもついていけると思ったらそれでいいと思います。たとえ，その相手の人が部落出身であろうと，また年上であろうと全然関係ないと思います。結婚というものは愛しあっている者同士でするものです。他人にどうのこうのといわれても，また両親にいわれても結婚するのは二人なのです。この映画に出て来た二人は本当にすばらしいと私は思います。」（J'男）

「結婚なんか本人同士が好きならばそれでいい。……。だいたい，親戚が反対をすることが問題だ。いつまでも部落にこだわって，本人のことは全然眼中にない。」（K'男）

「結婚というのは，部落出身であろうとなかろうとお互いの誠意だと思います。」（L'子）

第4は，「相互批判型」である。例えば，「差別はあかんゆうたかて，相手にも理由があるのだし，そうかといって，こっちがよいこともないし，どっちもどっちなんやと思う。」（M'男）とか，「そりゃー，差別をしてはいけない，絶対にしてはならないと思う。差別をする人は心の小さい人間だと思う。でもこういうこともあると思う。ただ差別をするのが悪いというのではなく差別をされるようなことをする方も少しは問題があるのではないだろうか。一方的に差別をする方が悪いときめつけるのはおかしいと思う。」（N'男），などである。

第5は，「否定型」である。

「毎年同和映画をみるが，毎回思うことがある。映画の主人公はいつも私が知っている同和地区の人々とは全く違う性格を持っている。というのは，誠実で，社会人として他人に勝れこそすれ決して劣ることはない。しかし，私が今まで見て来た人は，他人に嫌われることはすすんで行うし，他人に対して同情することもなく，ただ自分の利だけを追求していた。ところが，映画に出てくるのは人間の鏡になるような人。しかし，そんな人達ばかりが同和地区に住んでいるのだろうか。もしそうであれば「差別」はなくなってい

ると思う。私には，あまりにも映画の内容と現実とが違いすぎるので両者を結びつけられない。現在，同和対策事業に力を入れ多くの税金を使い，道路を建設し，家を建て，私たちの生活の方が苦しい。これでは割に合わない。彼らに甘い物だけを与え，手を洗うことや礼を言うことを教えることを忘れていると思う。これからの同和事業は精神面や行動，言葉使いについて実施してほしい。」（O'男）

特に，このタイプの特徴として，確かにねたみ意識としての逆差別観念が見られるが，しかし，すべてがそのような立場からの否定ではないようにも思われる。つまり，これには文化的な面での否定，言いかえれば，彼らの行動様式や言語様式に対する否定としての意味も含まれているということを見おとしてはならないと言えよう。しかも，このような否定的態度が，社会化の過程の中で育まれてきているという現実も見のがせない。

以上のようなことをふまえて，最後にまとめとして「偏見」「差別」の意識構造を総括的に考察し，さらに今後の同和教育のあり方についての展望を若干検討しておこう。

第4節 「偏見」「差別」の文化と同和教育の中期的展望

滋賀県同和教育研究会が発行している『滋同教』No.86（1985年1月21日付）に，ここ1・2年の間に，県内の学校現場ないし子どもたちの間でおきた差別事象の具体例と，その特徴およびその事象の背景にある要因についての記載があるので，まとめに当たってまずそれから見ていきたいと思う。

具体的な問題事象として，①「クラブ練習後の雑談の中で『○○ちゃんはきつい。あの子は部落の子や。部落の子は目つきを見ればわかる』と発言した，②「駅の伝言板に『○○○，エッタ』と実在の生徒名をあげて落書」，③「『○○は朝鮮，エッタや』と教室の黒板に落書」，④「休み時間の会話の中で，具体的な地区名をあげて，『△△はおぞいとこや，気いつけや』と発言した」などがあげられている。

そして，このような事象の特徴として，①家庭や地域社会に根強く残って

いる同和地区に対する予断と偏見が子どもたちに影響を与えていること（「部落はこわい」「部落の子は目つきが悪い」など），②部落問題についての不正確な理解や認識の不十分さから，子どもたちの日常会話の中で，相手をからかったり，軽蔑したり，最下位を示すことばとして賤称語がもてあそばれること（「○○は朝鮮，エッタ」などの発言）などがあげられている。

　さらに，これらの事象の背景に潜んでいる要因として，次の4つのものが指摘されている。①小学校（6年社会科）や中学校（社会科歴史的分野・公民的分野）の教科書に部落問題が記述されるようになり，部落問題の学習がすすめられているが，発達段階とのかかわりもあり，子どもたちの理解がなお不十分で表面的なものにとどまっている場合も多い。また部落問題を「知識」として教えるだけで，「生き方」や「行動の仕方」と結びつけて理解させることができていない弱点も見られる。②最近の子どもたちの問題状況として，自己本意で相手の身になって考えることができない。他人に対する思いやりの心に欠ける点が指摘されている。部落問題についての認識の誤りや不十分さだけでなく，級友の人格を傷つけるようなうわさ話や「アホ」呼ばわりなど，人権意識の希薄さが部落問題にかかわる「あやまった発言」や「不十分な発言」の土壌となっている。受験体制や能力主義・競争主義的な教育政策のもとで，子どもたちがばらばらにされ，ともすれば友情や連帯がそこなわれていく今日の学校教育のかかえている深刻な矛盾も一つの背景となっている。③このような子どもたちの問題状況をいっそう助長しているものとして，退廃的な文化，たとえばテレビ番組などのなかで低劣なギャグの氾濫があげられる。そこでは，他人の容姿や人格を笑いの対象とすることが公然とおこなわれている。これらが子どもたちに大きな影響を与えており，「ブス」「ブリッ子」「ブタ」「いなかもの」など，他人の人格を傷つけるような嘲笑のことばが投げかわされている。遊びの陰湿化がすすみ，「弱い者いじめ」に進展していく。④人間としてしてよいこととしてはならないこと，いってよいことと悪いことのけじめがついていない子どもが多い。幼児の段階から，人間の尊厳を傷つけるようなことは許されないということを，具体

的な言動に即してあきらかにしていくとりくみが家庭や校・園で十分すすめられているとはいえない。最近の子どもたちの間では「かっこよさ」や「かっこ悪い」ことだけが行動の基準になって，正義感が希薄になっている傾向も強い。

　ここで，これらの要因を，すでに見てきた湖北の高校生（本校生徒も含む）の「偏見」「差別」に対する意識構造の概括的な分析結果と関連づけて検討してみたいと思うのであるが，その前に磯村英一が指摘している同和教育における3つの分野（＝同和教育の基盤）について少し見ておきたい。磯村は，「同和教育には，3つの視点があることを指摘したい。第1は学校の教科書による一般国民に対する同和教育，第2は家庭やコミュニティにおける国民に対する同和教育，そして第3は被差別者を対象とする同和教育である[30]」と述べている。つまり，同和教育を「国民的課題」とするためには，この3つの視点からの教育，啓発が基本になるということを指摘しているのである。この見解の特徴は，今日の同和問題の解決方法をこの3つの視点の相互連関性から導き出していこうとするところにあると思われるが，ここでは第1の視点と第2の視点について検討しておきたいと思う（第3の視点は，その主体が主として社会同和教育にあると思われるので一応対象の外におく）。

　上記の問題事象の背景に存在すると思われる要因の1つに，学校の教科書による同和教育が，単なる"知識の提供"の手段として機能していることに対する批判と，人権意識の希薄化を招くにいたった今日の教育行政や教育政策のあり方に対する批判が指摘されている。第2は，その外延に，すでに見た大衆文化が存在し，それが子どもたちに内化され，「規範」化されて，それが本来のあるべき社会規範，人間の尊厳性に基づく価値観の崩壊をもたらし，それに対して，家庭や学校社会が順機能的に対応しきれていないことに対する批判が示されている。磯村は，「同和教育が，その背景においてしっかりした"人権意識"というものをもたないで，現代のような教科書の内容で教育することは，時によっては別の意味での差別意識を生むことにもつながる」と述べて，同和問題を知識として教えることの難しさ，危険性を指摘

している。と同時に,「同和教育を文字通り,『国民的課題』とするには,家庭生活においての問題の認識が重要である」[31]とも指摘している。

さて,そこで,今考察の対象としている生徒(子ども)と彼らが学校生活を営む教育の場としての学校社会と,通常の日常生活を営む場としての家庭や地域社会との関連性にウエイトをおいて,彼らが持つ「偏見」や「差別」の意識構造の背後に潜んでいると思われる要因を整理しておきたい。その際,特に家庭や地域社会に深く根を張っている道徳観や規範や文化に注視したい。彼らが日常生活を営む際,家庭や地域社会あるいは仲間集団,さらに定時制生徒にあっては職場集団を「所属集団」あるいは「準拠集団」として認識し,それらの集団や社会に優位的な規範や文化をとり入れ,それを彼自身の規範として思考や行動の規準とする。そうして彼らは社会化されていくのであるが,その社会化の過程に差別意識や偏見が組み込まれていく。つまり,八木も指摘しているように,「子どもというものは誰一人,生まれながらの差別者,偏見者などではなく,社会化のプロセスで後天的に学習していくのであり,仮りに子どもが両親の偏見への非同調を表明することが保障され,そうして両親に受け入れられ続けるなら,すべてがすべてストレートに偏見を身につけるとは言い切れないというわけである」[32]。このことは,家庭以外の地域社会や仲間集団等についても同様のことが言えよう。

これとの関わりで今ひとつ重要なことは,「自己成就的予言」に基づく「偏見」や「差別」の永続性である。この自己成就的予言とは,R.K.マートンによれば,「最初の誤った状況の規定が新しい行動を呼び起し,その行動が当初の誤った考えを真実なものにすることである」。すなわち,「人間は単に状況の客観的な諸特徴に対して反応するだけでなく,自分達にとってこの状況がもつ意味に対しても,反応するものであり,しかも後者に対する反応の方が,時には主となる……。そして,一度人々が何らかの意味をその時の状況に附与すると,続いてなされる行動やその行動の結果はこの附与された意味によって規定されることになる」[33]。この自己成就的予言の働きを理解しえない結果が,「偏見」や「差別」の保持につながるということである。

この場合には,「偏見」や「差別」が彼らの信念として保持されているのではなく,「彼らの観察の不可避的産物」としてそれらを経験しているのである。

そして,彼らをそのような方向に導いていくうえにおいて大きく影響する力が,歴史に刻まれて地域に深く根ざしている文化としての「地域文化」であると言えよう。この地域文化が伝統主義的・保守主義的な色彩を濃厚に保持していればいるほど,その地域社会に居住し生活するメンバーの思考様式や行動様式に与える影響力は大きいと考えられる。丸山真男は,日本の社会と文化の型を図式化して表現すれば「タコツボ型」としてとらえられると指摘している。このタコツボ型の社会や文化というものに特徴的な点を丸山によって見てみると,それはまず,社会や集団や組織に属するメンバーをまるごと飲みこんでしまう。メンバーをまるがかえにしてしまうから,従って,その相互の間に共通の言葉,共通の判断基準というものが自主的に,つまり下から形成されるチャンスがおのずから甚だ乏しくなる。さらに,各集団がそのメンバーをまるがかえにする結果,いわば組織の内と外というものが,いわゆるインズ（内輪）とアウツ（よそ）というものが峻別される。ところが,タコツボ化というものは無限に細分化されるわけであるから,従ってまた,何が内であり,何が外であるかということもまた無限に細分化される。そうなるとその集団の内部だけで通用するものの考え方感じ方が発生し,しかもそれがだんだん沈澱してくると,つまりアウツに対してインズの了解事項が集団の下層に沈澱してくると,お互いの間同士ではそんなことは当然でいまさら議論の余地がないと思われることが,だんだん多くなってくる。Take for granted という,つまり当たり前で,もういわれなくても分っていて,問題はそこから先にあるとして片づけられる部分が,集団意識の下層に沈澱して非常に厚くなってくる。つまりそれぞれの組織的な集団が,こういうふうにして沈澱した思考様式というものをみんな持つようになる。そこに組織としての偏見が抜きがたく付着するということになる,というものである[34]。

この論理は，同和問題に関しても十分に援用することができるであろう。そうであるとすれば，生活エリアが湖北地域にほぼ限定されている湖北地区の高校生（本校生徒も含める）たちの思考様式や行動様式の核心部分を理解するためには，湖北地域の文化特性を理解しておくことが要請される。そこで，湖北地域が持つ文化特性の一端をNHK放送世論調査所が1978年2月から5月にかけて実施した「全国県民意識調査」の結果から見ておこう。

　まず，郷土意識（＝郷土への愛着度）については，「あなたはこの土地のことばが好きですか」という質問に対して59.5％の人が肯定的に答えている（県内地域別で最高。最低の大津市は43.7％，県全体では52.9％）。また，地元民として認知し，許容する範囲もかなり明確に示されている（「この土地の人といったとき，大ざっぱに言って，どの範囲の人を考えますか」という質問に対して「市町村，郡」と答えた人の割合は83.3％である）。このように，居住区あるいは定住区への愛着の強さを基底にした地域志向性の強さと，地域住民の間に「空間的共有」あるいは「空間的共存」に対する共通認識，つまり「地元共同意識」的なるものが存在していることが指摘できる。

　また，人間関係においても地縁共同体原理に強く拘束された保守的・閉鎖的な特徴が見られる。例えば，「近所の人たちと張りあって生活している」と答えた人は33.0％で県内最高である（県全体28.3％）。ただ，「昔からあるしきたりは尊重すべきだ」と答えた人の割合が45.4％と県内最低であるが，これは，地域住民の生活実態に対して発想内存的な立場から理解すれば，地域住民が日常的に伝統的慣習に対して無感覚になっている，すなわち，慣習を当然受け入れるべきものとして認知していることの結果によるものか，もしくは，そのような伝統的慣習にがんじがらめにしばられていることに対して生き苦しさを感じていることに対する表明であるのか断定はできないが，少なくとも，洗練された都市文化的な意識の反映でないことだけは指摘できよう。そのことは，次に見る精神的共通基盤としての宗教あるいは祖先に対する信仰度の高さなどからも言えるであろう。

　例えば，仏教を信仰している人の割合は53.0％で，県全体の40.8％を大き

表1　滋賀県内通婚状況調査　　　　　　　　　　　　　　　　　　1979年12月現在

ブロック	同和地区全世帯数(A)	通婚世帯数				通婚率 B/A	通婚世帯の年齢別比率				
		同一市町村から	県内他市町村から	県外から	合計(B)		20歳代	30歳代	40歳代	50歳代	60歳以上
						%	%	%	%	%	%
大　　津	1,314	83	62	210	355	27.0	15.5	37.2	31.0	10.4	5.9
愛犬・彦根	2,731	20	42	220	282	10.3	40.8	30.9	15.3	7.8	5.3
湖　　北	2,010	23	47	123	193	9.6	34.7	27.0	22.3	10.4	5.7
湖　　東	1,211	11	77	120	208	17.2	28.5	38.0	15.4	12.0	5.8
湖　　南	789	11	59	164	234	29.7	34.2	36.8	15.8	9.4	3.8
甲　　賀	655	36	26	106	168	27.1	32.2	32.1	16.1	10.7	8.4
湖　　西	81	2	1	14	17	20.1	23.4	52.9	17.7	0	5.9
計	8,791	186 12.8%	314 21.6%	957 65.7%	1,457 100%	16.6	436世帯 29.9%	499 34.3%	295 20.3%	144 9.9%	83 5.7%

（県内56同和地区からの回答、回答率93.3%）
出所：長浜市教育委員会・長浜市同和教育推進協議会編『市民のための同和学習』(学習のしおり第8集) p.10。

く上回っているし，祖先信仰（「家の祖先には強い心のつながりを感じる」）についても63.2%と高い率を示している（大津市は54.0%で県内最低，県全体では63.3%）。また，天皇に対する崇拝度も極めて高い（「天皇は尊敬すべき存在だ」と思っている人の割合は61.1%で，大津市の43.7%，県全体の54.0%と比べてはるかに高い）。このように湖北地域の住民は，原理的には「伝統的なるものへの信仰」という形で一元化された意識構造を保持していると考えられる[86]。

　このような結果から，湖北地域の文化特性を一言で表現すれば伝統主義的であり，保守主義的であると言える。この実態を如実に示しているひとつの典型的な例が，同和地区と一般地区との通婚率の低さである。表1からも理解できるように，湖北地域の通婚率はブロック別で見れば最低である。この通婚率の低さは，「これらの地域に封建的傾向が強く残っていることの反映」[89]であると指摘されているが，それと今ひとつ，日本の資本主義の発展の特殊性に規定された「偏見」や「差別」観念を基底とした「文化」の反映であるとも理解できよう。

　また，すでに見た「同和教育統一アンケート」における，部落解放の将来

的展望に関する見通しの暗さや生徒の感想文に見られた同和問題に対する否定的態度も湖北の文化特性のひとつの反映としてとらえることも可能であろう。しかし，その反面で，生徒の多くが示した部落問題に関する傍観者的な態度も問題としなければならない。彼らの多くは地域文化の影響下にありながらも，地域を超えた文化としての大衆文化にドップリつかり，いわゆる他人指向型の人間としての思考様式や行動様式をも身につけてしまっている。このように2つの相異なる文化の間にあって彼らの思考様式や行動様式は，体系化されえない，宙ぶらりんの状態にとどまっているとも言える。あるときには伝統指向型の人間が前面に押し出され，またあるときには他人指向型の人間が前面に押し出されてくる。そういう状態に彼らはおかれていると理解することもできるだろう。

　ここで見おとしてはならないことは，他人指向型の人間は，その社会的性格上「世間」の趨勢に迎合するような傾向性を多分に帯びているため，何らかのインパクトが与えられれば容易に部落差別を肯定的に受容する，あるいは新しい差別者に転化する，そういう可能性も十分に内包していると考えられることである。

　従って，学校社会の中で同和教育を行うには，伝統指向型の人間と他人指向型の人間とに照準をあわせつつ，かつ，彼らが持つ人間としての二面性に留意しつつ，しかも彼らが日常生活を営む場としての地域社会の文化的規範（家庭内の規範も含めて）と，今日の大衆文化の持つ特性の双方を十分理解した上で，さらに普遍原理としての"人権意識"を背景において行うことが要請されるであろう。

　文化というものは，R.リントンが指摘しているように，「社会の全生活様式を指すのであってその社会の中で比較的高尚であり望ましいとみなされているような生活様式だけを指すのではない」[37]。つまり，文化という言葉は，本来的に「評価の観念をいささかも伴っていない」のであるが，態度概念としての「偏見の文化」[38]（これはR.リントンの分類に従えば，社会のメンバーによって分有されている知識，態度，価値等といった心理的側面を構成す

るものとしての「内面的文化」に該当するであろう）と，行為概念としての「差別の文化」（同様に，これは文化の外面的側面を構成するものとしての「外面的文化」に該当するであろう）は，人間の尊厳性を著しく損い，かつ人間的存在そのものを否定するような「社会的遺産」としての「文化」であるが故に，今野も指摘しているように，それらは「否定されるべき文化」として位置づけなければならない。この「否定されるべき文化」としての「偏見の文化」や「差別の文化」の根元は，極めて多元的である。つまり，経済的，歴史的，状況的，文化的要因が複雑に絡みあっている。しかし，このような「否定されるべき文化」が継承されてきているという現実を理解しつつも，われわれはひとつの「モーラル・フィロソフィー」を追求していかなければならない。

　その一翼を担っているのが学校教育としての同和教育であると言えよう。従って，今後の同和教育は，目の前の子どもたちの状況から出発し，そこから課題をひきだすとともに，教育の主体者もみずからのおかれている社会的地位と役割に立脚して，「現在」の反省を行い，なおかつ，"人権尊重"という普遍的原理を背景におきながら，しかも地域の実態に即した対応をしていくことが，今まで以上に要請されてくるであろう。そして，「もしこれからの差別問題が真に人権意識に立脚するとすれば，その啓発・教育は日本人の意識の根本にまで立ち入らねばならない」[20]であろう。

註
(1) 飯坂良明『現代社会をみる眼』日本放送出版協会，1968年，p.76。
(2) 飯坂良明『前掲書』p.84。
(3) 飯坂良明『前掲書』p.88。
(4) 村上泰亮『新中間大衆の時代』中央公論社，1984年，p.232。
(5) ここにいう社会的性格とは，「ある集団の構成員がもっている性格構造のうち，その大部分のひとびとに共通してみられるような性格的特性」，すなわち，「個人がある社会に適合して生きていくための『適合の様式』あるいは『同調性の様式』としてとらえることのできるものである」（飯坂良明『前掲書』p.100。David Riesman, *The Lonely Crowd : A study of the Changing American Character*, Yale University Press, 1961. 加藤秀俊訳『孤独な群衆』みすず書房，1964年，pp.4-5）。

⑹　D.リースマン『前掲訳書』p.17。
⑺　D.リースマン『前掲訳書』p.7。
⑻　D.リースマン『前掲訳書』p.14。
⑼　D.リースマン『前掲訳書』p.7。
⑽　D.リースマン『前掲訳書』pp.7-20。飯坂良明『前掲書』pp.102-103。
⑾　滋賀県教育委員会・高等学校同和教育実践課題研究委員会編『生徒のさまがわりのなかで－高校同和教育の充実をめざして－』(高校同和教育実践シリーズ第2分冊)，1984年12月。この調査は県下の公立全日制21校3,086人を対象に実施された。その内訳は，普通科10校(1,498人)，職業科11校(1,588人)，学年別では1年1,124人，2年1,049人，3年913人，男女別では男子1,412人，女子1,674人である。
⑿　飯坂良明『前掲書』pp.114-116。
⒀　大内兵衛・細川嘉六監訳『マルクス＝エンゲルス全集』(第13巻)，大月書店，1964年，p.6。
⒁　濱島朗・竹内郁郎・石川晃弘編『社会学小辞典』有斐閣，1977年，p.128。
⒂　今野敏彦『新編 偏見の文化』新泉社，1983年，pp.111-112。
⒃　今野敏彦『前掲書』p.96。
⒄　今野敏彦『前掲書』pp.114-115。我妻洋の次の指摘も示唆に富む。「強制力の強弱に差はあるにせよ，また強制力があからさまであるか，陰にこもっているかの違いはあるにせよ，偏見や差別は，社会の規準であり，文化の一要素である。……。自我の弱さや未熟さによる憎しみのフリ向けや，個人を軽蔑する必要や，無意識の衝動の投射といった，心理的条件がなければ，個人は強い偏見を持つには至らない。しかし，そうした個人に偏見の対象を供給するのは個人の属する社会であり，社会の規範なのである。……。つまり，社会化によって，個人は，社会の規範に適応し，順応する。同じようにして，個人は，特定の集団に対する差別，偏見をも学びとり，身につける。部落の人々や，在日韓国人や混血児などに対する偏見や差別は，親や周囲のおとなたちの言動のはしばしに現われ，子供たちに伝わり，子供は成長の過程において，徐々にそれを学ぶ」(我妻洋・米山俊直『偏見の構造－日本人の人種観－』日本放送出版協会，1967年，p.231)。
⒅　R.Linton, *The Cultural Background of Personality*, 1945.(清水幾太郎・犬養康彦共訳『文化人類学入門』東京創元社，1952年，pp.49-50)。R.リントンは，この定義に対して次のような補足説明をしている。「綜合体という言葉は，一文化を構成する多様な行動とその結果とが，組織化されて全体として一つの型をもったものになっているという意味を表わしている」。「習得された行動とは，ある文化綜合体に含まれる様々な活動の中で，その形式が学習の過程によって修正されているものだけを意味している」(R.リントン『前掲訳書』p.50)。
⒆　部落解放同盟の規定によれば，社会意識としての差別観念は，「その差別の本質に照応して，日常生活の中で，伝統の力と教育によって，自己が意識するとしないとにかかわらず，客観的には空気を吸うように労働者および一般勤労人民の意識の中にも入りこんでいる」(部落解放同盟中央本部編『部落解放運動』1972年)ものとされている。
⒇　八木晃介『差別の意識構造』解放出版社，1980年，p.179。
(21)　丸山真男『増補版 現代政治の思想と行動』未来社，1964年，p.25。
(22)　丸山真男『増補版 現代政治の思想と行動』p.25。

⑳　我妻洋・米山俊直『前掲書』p.208。
㉔　我妻洋・米山俊直『前掲書』p.188。
㉕　我妻洋・米山俊直『前掲書』p.188。
㉖　八木晃介『前掲書』p.76。
㉗　八木晃介『前掲書』p.291。
㉘　八木晃介『前掲書』p.292。
㉙　「擬似環境 pseudo-environment」とは、「現実環境」と「環境イメージ」とのあいだに介在する「擬制的な」環境と理解されている（井上忠司『「世間体」の構造－社会心理史への試み－』日本放送出版協会、1977年、pp.96-97）。
㉚　磯村英一『同和問題と同和対策』解放出版社、1982年、p.57。
㉛　磯村英一『同和問題と同和対策』pp.44-47。
㉜　八木晃介『前掲書』p.146。
㉝　R.K.Merton, *Social Theory and Social Sructure : Toward the Codification of Theory and Research*, The Free Press, revised, 1957.（森東吾・森好夫・金沢実・中島竜太郎訳『社会理論と社会構造』みすず書房、1961年、pp.383-385）。
㉞　丸山真男『日本の思想』岩波書店、1961年、pp.129-140。
㉟　拙稿「生活文化と政治文化の接合点を求めて－滋賀県湖北地域での予備的考察－」水谷幸正代表『社会学の現代的課題』（筆谷稔博士追悼論文集）、法律文化社、1983年、pp.304-307。
㊱　長浜市教育委員会・長浜市同和教育推進議会編『市民のための同和学習』（学習のしおり第8集）、p.10。
㊲　R.リントン『前掲訳書』p.47。
㊳　今野は、「一つの文化として、世代から世代へ受け継がれる一つの生活様式として理解される偏見を『偏見の文化』と呼称して」いる（今野敏彦『前掲書』p.12）。
㊴　磯村英一『人権問題と同和教育』解放出版社、1983年、p.49。

第5章　学歴社会の中での定時制教育
―その変容と展望―

第1節　ある生徒との会話から

「先生，定時制て一体何や？」

「何やて，そらー，家庭の事情や経済的な事情やらでどうしても全日制へは進学でけへん。それでも，自分で学費をかせいで，勉強したいという強い決意をもった者が入る高校や。」

「ほんかてなあー先生，わしらのクラスの仲間みてみ。ほんまにそんなやつおるか？」

「……」

「大概のやつは，頭が悪うてヒルを落とされよって来とるか，わしらみたいにヒルを追い出されて，行くところがのうなって来とるとか，どっちかやで。違うか？　先生。」

「確かにお前の言うことも事実やろう。そういう事情で本校へ来てる生徒も沢山おる。しかしなあー，ほんまに家の事情やらでどうしても働かんならん。しかし，もっと勉強したい，せめて高校だけは卒業しておきたい，そう思って来てる生徒もいるんと違うやろか。」

「でもなあー先生，そんなやつおってもほんまにちょっとやで。いや，そいつらかて，ほんまゆうたら親が高校ぐらい出とかなあかんとうるそういうさかい，行きとうもない高校へ来とるだけやで。勉強なんかしとうて来とるやつなんかおるかいな。」

「そういうお前はどうなんや？」

「わしか？　わしは勉強なんかちっとも面白うないし，嫌いや。わしらを

アホや思うて馬鹿にしよる先公はもっと嫌いや。そんなやつの授業なんか受ける気がするかいな。」

「じゃー，勉強なんかしとうないお前がなんでウチへ来たんや？」

「そんなんきまったるがな。いまどき『中卒』なんかあほらしいてやってられへん。高校ぐらい出とかな肩身が狭もうて世間歩かれへん。そうやさかい，ここへ来たんや。」

「でもなあー，ちゃんと勉強して『高卒』にふさわしい知識や教養や技術を身につけんかったらあかんのと違うか？」

「先生何にもわかったらへんなあ。世間のやつら，わしらのこと高校生やなんて思とらへん。勉強なんかして卒業したかて，世間ではまともに扱うてくれよらへん。この高校かて世間のやつらどう思うとるか知ってるか？　ワルやアホのはきだめや思うとるんやで。こんなところでまともに勉強なんかしたかて何の役にも立たへん。するだけ損や。ただ適当に楽して卒業証書もらえたらそんでええんや。」

「でも，お前らの先輩には仕事と勉強と両立させて立派に実社会で頑張っている人も沢山いるやないか。」

「先生，もう時代が違んや。そんなんもう通用せーへんのや。」

これは，私が前任校にいたとき，ある生徒との間で交わした会話の一部である。8年たった今でも，そのときの情景を鮮明に覚えている。そのときの彼の言葉は，私に強烈なインパクトを与えた。私は教師生活10年になるが，新任以来今日まで一貫して定時制教育に携わってきた。しかも，この10年という期間は，定時制教育がその本来の教育理念を大きく逸脱して，実に多種多様で困難な問題が湧出し，その対応にふりまわされつづけている時間的空間である。私は，定時制高校に赴任するまで，その実態についてはほとんど何も知らなかった。そのような私に，「定時制教育とは何なのか」という問題を提起してくれたのがこの生徒であった。彼が私との会話の中で述べた言葉には，定時制高校への世間の冷たい視線や無理解・誤解に対するやるせな

さ，あるいは自分たちの将来的展望の希薄さからくる自暴自棄的なあきらめの思いが内包されているが，しかし反面で，それはまさに今日の定時制教育のあるべき姿への問題提起でもあったのである。

以来私は，さまざまな角度からこのテーマを追いつづけている。このテーマを追いつづけることは，彼の私に対する問いかけに応えつづけることでもある。また，少々大げさに言えば，そうすることが定時制教育に携わる者に課された使命だとも考えている。ただ，このテーマの持つ幅の広さ，底の深さは測り知れない。それは，学校社会だけにとどまらず，家庭や地域社会あるいは職場社会などとも複雑に絡んでいる。そのうえ，このテーマは，その根幹においてマイノリティ・グループであるがゆえに「教育的弱者」の立場におかれている彼らの教育権や，さらには人間として生きる権利にも深く関わっている。その意味では，今日の教育行政のあり方も当然俎上にのせられてくることになる。

現在，中央においては臨時教育審議会（臨教審）で教育全般の見直しと改革のための作業が行われ，その一部は臨教審答申をうけて，いよいよ実行に移されようとしている。こうした状況の中にあって，改めて定時制教育の今日的な存在意義を見出し，かつその将来の望ましいあり方を模索してみようと思うのである。

第2節　定時制のイメージ

戦後日本は，一連の民主化政策によって高度経済成長を遂げ，いわゆる「豊かな社会」をつくりだした。人びとの生活水準は急速に上昇し，『経済白書』（昭和31年）をして，「もはや戦後ではない」とまで言わしめた。このような状況の中で，国民の多くは生活様式の均質化によってもたらされた生活程度における「中」意識，あるいは生活意識における「中流」意識の幻想にとりつかれながら，世間並みの「豊かさ」をひたすら求めつづけてきたのである。この経済の高度成長が，「豊かさ」の日常化と同時進行的に，社会における人間の原子化，平均化，標準化，画一化，といったような諸特徴を持

った大衆社会化状況を生み出し，促進してきたことは既によく知られているところである。

　それはまた，教育の分野においても高学歴社会の大衆化現象をもたらしたのである。これは，高校の準義務教育化および大学進学の大衆化といった教育現象の総称である。事実，高校進学率は全国平均94％，大学進学率も40％に近づいている。このような現象を促進してきた要因のひとつとして，まず，戦後の教育行政における実質的な面での「教育の機会均等」の保障の確立，言いかえれば，「閉ざされた教育」から「開かれた教育」への転換といった制度面での一定の成果をあげることができるであろう。そのうえに，学歴がもつ多元的価値の社会的認知と受容，あるいは，学歴の持つ社会的効用への強い関心や期待の高まりといった国民の側における価値観や意識面での変容をあげなければならない[1]。いわゆる高学歴社会の具現化は，高度産業社会の要請である知識や技術水準の高度化に対応する形でなされてきたのである。

　では，ここでいう学歴社会とはどのような社会を言うのであろうか。それは，一般には，人びとの社会的地位を達成するための手段として，学歴が他の何よりも重要となる社会と定義される。言いかえれば，それは，「よりよい学歴の持ち主がよりよい社会的地位につく可能性の大きい社会」のことである。この「よりよい学歴」は，中学よりは高校，高校よりは大学といった区別に基づく「より上級レベルの学歴」という要素と，一流・二流・三流といった「より有名な学校」という要素とを含んでいる。また，「よりよい社会的地位」は，「威信度や所得のより高い職業や企業」「より高い昇進可能性」といった要素を含んでいる[2]。

　もともと，学歴とは本人の学校教育に関する履歴である。つまり，本人がいかなる段階でいかなる教育を受け，それを通じてどのような知識や技術を身につけたかを示すものである。そして，この意味での学歴がより有意義性を持つのは所属本位の社会ではなく，属性に関わりなく，個人の能力や業績を重視する社会，すなわち，業績本位の社会においてである。

ところで，今日の日本の社会は，基本的に属性原理（ascription）から業績原理（achivement）へとその主軸を移し，個人の行動レベルでは業績原理に基づく「自由競争」が基調をなしている。しかし，個人は「組織のなかの人間」としても位置づけられるのであるから，他面では公的な統制された競争原理に従うことも余儀なくされる。この２つの競争原理が相互規定的に，しかも順機能的に作用することによって，学歴は個人を解放するコア・エレメントになりうる。ところが，現実には，それが多分に逆機能的に作用しているため，反面で学歴は個人を束縛するものとして認識されている。より上位の学歴獲得を至上の目的とする今日の熾烈な受験競争の中にその典型の一端を見ることができるであろう。

 今日よく言われるところの学歴主義や学校歴主義という言葉の中には，さまざまな病理的要因が内包されている。とりわけ，学歴主義という言葉は，すでに早くOECDが1970年１月に日本に派遣した教育調査団の報告書（1971年11月出版）の中で使用されている。以下でその部分を見ておこう。「日本の入学試験は特定の社会的圧力の原因となり同時に結果にもなっているが，それがもたらすもっとも重要なゆがみは，社会それ自体にかかわっているといえよう。一般の人々から見ると，大学には社会的評価によるきびしい上下の序列がつくられており，高校は高い評価をもつ大学にどれだけ多くの生徒を送りこむかによって順位づけられている。また雇用主の多くは卒業生を，彼らがどのような知識や能力をもつかでなく，入試の結果どのような大学のどの学部に入学したかによって判断する。……。いいかえれば日本の社会では，大学入試は，将来の経歴を大きく左右する選抜機構としてつくられているのである。その結果，生れがものをいう貴族主義（aristocracy）は存在しないが，それに代る一種の学歴主義（degree-ocracy）が生まれている。それは世襲的な階級制度にくらべれば，たしかに平等主義的であり，弾力性にとんでいる。しかし他の制度──つまり長期間にわたる個人的業績が人々を適切な職業・地位へと振分ける尺度とされ，また意欲のあるものは必要に応じて教育を受け，さらには能力の発達に応じてその地位もあがっていくといっ

た機会が用意された制度にくらべれば，学歴主義は弾力性を欠いた，専制的な制度である」[3]。

　この報告書からも理解できるように，学歴主義という場合の学歴は，人生を決定する，あるいは，人生への有利なパスポートとしての意味を多分に含んでいる。そのため，人間が人間として生き，成長するために，何を学び，どのような教養を身につけ，また，どのような専門的知識・技術・資格を得たのかということは二義的なものとして位置づけられている。つまり，今日，学歴というものは，人格形成に一義的な関わりを持たないところで独り歩きしているのである。

　さて，今，後期中等教育に照準を当てて考えてみれば，どういうことが言えるであろうか。すでに見たように，学歴主義はその本質の部分においてブランド志向である。そこでは何よりもグレードの高さが唯一絶対の尺度となる。してみれば，今日のユニバーサル化した高校教育において，ボトムの部分を形成している高校にしか入学できなかったという「事実」は，学歴主義を積極的・肯定的に受容している，あるいは，社会の圧力によって否応なしに受容させられている「世間」の基準によれば，それは一体何を意味するのであろうか。それについては，もはや多くを語る必要はないであろう。世間の眼に映る彼らボトム構成員は，学歴社会の「落伍者」以外の何ものでもないのである。世間は彼らに容赦なく「落ちこぼれ」のレッテルを貼る。彼ら自身もまた世間の冷たい視線をあびて，自らを学歴社会でのアウトサイダーとして位置づけてしまう。その必然の結果として，全日制高校中退者や受験失敗者，あるいは，極度の低学力ゆえに全日制高校受験のチャンスをも与えられなかった者を一手に引き受けている（実際は，「教育権」の保障・定員充足という名の大義名分によって引き受けさせられている）定時制高校は，世間は言うに及ばず，教師集団の間においてさえも，競争社会の「落伍者」を「専門的」に受け入れる（べき）学校としてイメージされているのである。

　小学校に勤務している私の妻が，かつて同僚の教師から次のように言われ

たことがあると私に語ったことがある。「お宅の御主人，定時制高校にお勤めですってね。まともな生徒がいないので大変でしょうね。御主人は定時制の免許状しか持っておられないのですか。全日制高校へはかえてもらえないのですか」。妻の話を聞いて，私はこの教師の認識のなさに驚かされた。と同時に，この教師と同じようなことを思っている人が他にも多くいるのではないかと思うと，何かわびしい気がしてならなかった。

　ついでに私の体験も述べておこう。町内のある人と会話していたとき，たまたま話題が教育のことに移った。すると，その人が私に次のようなことを言ったのである。「あんた，まだ定時制に勤めてるんか。定時制て全日制より給料ええことないのやろ。言うては何やけど，定時制の先生て全日制で勤まらへん人が多いのやろ」。どうもこの人は有名校や普通科の進学校に勤めている教師の方が，教師としての地位や給料が高いとでも思っているらしかった。このようなことは，それまでにも何度か聞かされていたので，それほど驚きはしなかったが，しかし，私に言わせれば，今日の定時制教育が非常に困難な状況に向き合っていればこそ，むしろ逆説的に，高度な教育指導上のテクニックや豊富な知識・教養，そして何よりも教育的弱者の立場におかれている彼ら生徒を，彼らの立場に立って理解し，フォローしてやれる人間的な暖かさが要求されていると思っている。このような弁明は，私の両親に対してもしなりればならない。なぜならば，私がまだ教師になりたてのころ，「定時制高校なんかに勤めてたら世間体が悪い」「せっかく教師になったのに，世間からまともに見てもらえない」などと，よく言われたからである。

　今ひとつ身近な実例をあげておこう。私が担任をしていたクラスのある生徒の保護者が，懇談会のときに私に次のようなことを言ったのである。「本当のことを言いますと，ウチの子はこんなところへ入れたくなかったのです。ヒルの高校を落ち，中学校の先生にここをすすめられたので，仕方なしに入れさせました。近所の同級生の子たちはみんなヒルの高校へ行っているのに，ウチの子だけが定時制へ行っているのかと思うと，世間に格好が悪うて毎日肩身の狭い思いをしています」。このようなことを思っている保護者がまだ

他にも相当数いたと記憶している。

　これらの事例からも理解できるように，今日の学歴社会の中での定時制高校に対する一般的なイメージはこのようなものでしかない。定時制高校へ入ってくる生徒が「まともでない」ならば，彼らを受け入れる学校も，また，彼らを教える教師集団も「まともでない」といったところなのである。残念ながら，これが学歴主義・学校歴主義の蔓延した今日の日本の教育風土の中で，払拭しがたいまでに定着してしまった定時制像なのである。

第3節　定時制教育の今日的位置づけ

　私は，世間の眼に映るこのような定時制像を全面的に否定したり，あるいは，世間に対して批判を加えたりするつもりはない。そのようにイメージされても仕方がないと思われる「事実」が過去において多く存在してきたし，現に存在しているからである。ただ，今日的状況の中で，教育の機会均等のチャンスを生かしきれなかった少数派という意味で教育的弱者の立場におかれている定時制生徒の実態を，色メガネを通してではなく，もっと客観的な視座で見つめることによって理解してもらえればと思う。そういう思いをこめて，以下でさまざまな角度から定時制教育の実態について分析していきたいと思う。

　最初に，定時制教育の変容過程から見ていこう。時期区分の基準を，ⓐ後期中等教育人口に占める定時制生徒シェア，および，ⓑ募集定員に対する志願者数にとれば，滋賀県においては大きく4つの時期に区別することができるだろう。①草創・発展期（昭和23～28年）：この時期は，ⓐ生徒数，生徒シェアとも拡大の方向に進み，定時制高校が高校教育の普及・拡大に大きな貢献をした時期であり，ⓑ志願者数も募集定員を常態的に上回っている。例えば，昭和28年度においては生徒数4,078人，生徒シェア20.4％となっている。全国的に見てもそれぞれ577,162人，22.7％と最高値を示している。②維持期（昭和29～40年）：この時期は，ⓐ生徒数は安定するものの定時制生徒シェアは減少し，定時制教育にかげりが生じてきた時期であるが，ⓑまだ，

表1　滋賀県における高校進学状況の推移

年度(昭和)	募集定員	志願者数	志願倍率	入学者数	充足率	高校進学率
33	780	907	1.16	678	86.9	48.0
34	820	1,017	1.24	742	90.5	51.0
35	790	918	1.16	769	99.3	52.9
36	900	900	1.00	591	65.7	60.5
37	740	767	1.04	716	96.8	59.8
38	672	812	1.20	595	88.5	60.9
39	732	909	1.24	813	111.1	63.8
40	813	1,188	1.46	863	106.2	65.8
41	866	729	0.84	623	71.9	69.4
42	840	762	0.91	617	73.5	73.2
43	896	860	0.96	762	85.0	75.3
44	888	954	1.07	810	91.2	78.2
45	938	968	1.03	839	89.4	80.7
46	863	973	1.13	818	94.8	84.2
47	855	757	0.89	681	79.6	86.6
48	855	768	0.90	713	83.4	89.0
49	855	876	1.02	721	84.3	90.4
50	815	533	0.65	497	58.1	91.9
51	760	505	0.66	472	62.1	92.2
52	790	435	0.55	414	52.4	93.1
53	750	364	0.49	332	44.3	92.5
54	750	454	0.61	423	56.4	92.7
55	750	584	0.78	530	70.7	92.6
56	750	515	0.69	470	62.7	93.2
57	750	437	0.58	386	51.5	93.0
58	750	537	0.72	455	60.7	91.5
59	750	367	0.49	307	40.9	93.1

註：①統計上の数値は，公立高校および私立高校を合算したものである。
②当該表は，『本県高等学校における産業教育について―とくに定時制・通信教育のあり方について―』（滋賀県産業教育審議会，昭和60年3月）および『滋賀県統計書』（各年度）より作成。

志願者数は募集定員を常態的に上回っている。具体的な数値を見れば，滋賀県では生徒数はほぼ2,500人以上であるが，生徒シェアは10％台からそれを下回る傾向を示している。③衰退期（昭和41～49年）：この時期は，ⓐ生徒数は次第に減少傾向を示しはじめ，生徒シェアにおいては6～7％台となっている。また，ⓑ志願者数も募集定員を下回る傾向を示しはじめてきた。④低迷期（昭和50年～現在）：現在は低迷期（混迷期）にあるわけであるが，この時期は，ⓐ生徒数，生徒シェアともに激減し（生徒数は1,000人台の前半，生徒シェアは3％台から2％台へ），また，ⓑ志願者数が募集定員を常態的に大きく下回り，定時制の存在意義そのものが問われるとともに，教育

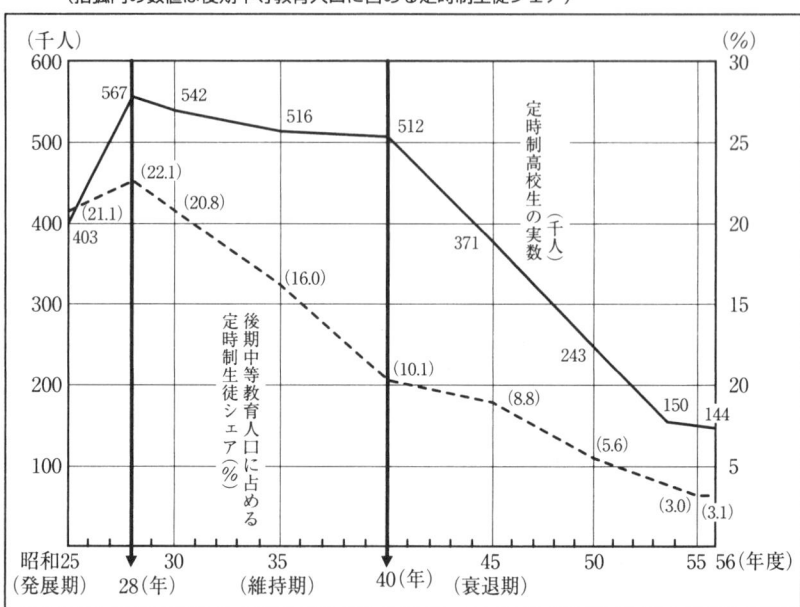

図1 定時制高等学校在学者数の推移（全国）
（括弧内の数値は後期中等教育人口に占める定時制生徒シェア）

（千人）／（％）。実線：定時制高校生の実数（千人）、破線：後期中等教育人口に占める定時制生徒シェア（％）。

データ点：
- 昭和25年度：403千人、(21.1%)
- 昭和28年：567千人、(22.1%)
- 昭和30：542千人、(20.8%)
- 昭和35：516千人、(16.0%)
- 昭和40年：512千人、(10.1%)
- 昭和45：371千人、(8.8%)
- 昭和50：243千人、(5.6%)
- 昭和55：150千人、(3.0%)
- 昭和56年度：144千人、(3.1%)

時期区分：昭和25〜28年（発展期）、28〜40年（維持期）、40年〜（衰退期）

出所：片岡栄美「教育機会の拡大と定時制高校の変容」日本教育社会学会編『教育社会学研究』第38集，1983年10月, p.159。

的にも多くの困難な問題をかかえ，抜本的な改革を要求されている時期ととらえることができる（表1）。ただ，この時期区分は2つの異なる基準を用いているので，どうしてもタイム・ラグ（time lag）が生じることになる。特に，ⓐの基準に重点をおけば，昭和50〜53年の間は衰退期から低迷期への移行期と言うことができよう。

なお，滋賀県における変容過程は，全国レベルと比較すれば，多少部分的にその傾向性を異にするものの，全体として見ればほぼ符合していると言える[4]（図1）。

次に，この時期区分との関連で定時制課程の消長について少し見ておこう。図2からわかるように，消長過程には大きく3つの節目が見られる。第1の節目は昭和29〜32年で，この節目は，ちょうど発展期から維持期への転換期

第5章 学歴社会の中での定時制教育－その変容と展望－ ── 151

図2-1 県立高校定時制課程の消長（1）

年　度（昭和）					23	24	25	26	27	28	29	30	31	32	33	34	35	36	37	38	39
入　学　定　員				定時制			950	1,120	950	980	1,000	640	590	620	680	720	690	690	520	572	572
定時制	独立	昼間	堅田	普通	←							全	廃							
				家技	←							全	廃							
				商業	←							全	廃							
			野洲	野洲 農業	←															停	廃
				普通				←			全										
			中主	農業				←			全	停	廃									
			湖南	普通	←|																
		夜間	大津中央	普通	←|																
				商業	←|																
			瀬田	機械	←|																
				電気	←|																
時制	併置	昼間	長浜農	農業	←															停	廃
			長浜北	家技					←			全	廃										
			八日市	農業	9←|																
			甲南 甲南	農業	9←																停	廃
				被服	9←						全											
			甲南 信楽	窯業	9←											全	廃					
				被服	9←							全											
		夜間	大津	普通	←|																
				商業	←|																
			瀬田工	機械	←|																
				電気	←|																
				化工														←						
				短産						←			停											
			彦根東	普通	←|																
			彦根工	機械	←|																
				建築	←|																
				工化	←|																
			長浜商工	商業	9←|																

停募集停止、独独立、全全日制転換、廃廃止

に当たる。この節目においては、定時制高校の全日制高校への転換、および、定時制高校の廃止が行われている。第2の節目は昭和37～39年で、これは維持期の末期に当たる。この節目においては、全日制普通科高校の新設に伴って、主として定時制高校の廃止が行われている。第3の節目は昭和43～44年で、これは衰退期の初期に当たるが、ここでは逆に、定時制高校の新設およ

図2-2 県立高校定時制課程の消長 (2)

年　度（昭和）				40	41	42	43	44	45	46	47	48	49	50	51	52	53	54	55
入　学　定　員			定時制	568	596	512	576	568	568	568	560	560	560	560	560	560	520	520	520
定時制設置	独立	昼間	湖　南	普通	→															
		夜間	大津中央	普通					→											
				商業					→											
			瀬　田	機械					→											
				電気					→											
	併置	昼間	八日市	農業				㊀停												
		夜間	大　津	普通					→㊀独											
				商業					→㊀独											
			瀬田工	機械					→㊀独											
				電気					→㊀独											
				化工				→㊀停												
			彦根東	普通																
			彦根工	機械																
				建築																
				工化				㊀停												
			長浜商工	商業																

㊀募集停止、㊀独立、㊀全日制転換、㊀廃止
出所：滋賀県高等学校長協会編集『高校教育三十年』1980年，pp.53-54。

び併設校からの独立が行われている。そして，現在に至っているのであるが，その間，高卒者進学率の上昇（昭和47～60年度：30％台）に伴って普通科を主体とした全日制高校が相次いで新設されている（図2-1，図2-2）。

さて，すでに見てきたように，今日，定時制教育は低迷期にあってさまざまな問題が湧出しているわけであるが，ここで低迷期の実態および特徴についてさらに具体的に見ていくことにしよう。

第1に，滋賀県に設置されている定時制高校の種類や数から見ておこう。現在，滋賀県には県立・私立の独立校・分校・併設校あわせて9校存在している。その内訳は，昼間二部制3校（県立独立校1，私立独立校1，私立分校1。なお私立の独立校・分校は昭和60年度より昼間固定制を併設している），昼夜二部制1校（私立独立校。なお当該校は昭和60年度より募集を停止している），夜間定時制5校（県立独立校2，県立併設校3）であるが，そのうち私立はすべて企業内高校である。また，設置学科は，普通科5，商

業科2，工業科2，家庭科1で，これらは県北部・県南部にバランスよく配置されている。

　第2に，定時制課程の募集定員，志願者数，志願倍率，入学者数，入学者の募集定員に対する充足率，ならびに在籍者数，在籍者数の総定員に対する充足率等の推移を概括することによって，その特徴点を提示していこう。表1から次のようなことが理解できる。①高校進学率については，昭和26年度で40.5％，34・35年度が50％台，36年度から41年度が60％台，42年度から44年度が70％台，45年度から48年度が80％台，49年度以降90％台と急速に進学率が上昇し，ここ数年は93％台と高い比率を示しており，高校教育のユニバーサル化を裏づけている。が同時に，進学率の頭打ち傾向も示している。②募集定員に対する志願者数については，昭和49年度までは志願者数が募集定員のラインを上下しているが，昭和50年度以降は進学率が90％を越え，高校教育のユニバーサル化が定着しはじめると同時に，定時制課程においては定員以下が常態化するという現象を呈している。また，この現象は，県内の中卒進学者の定時制課程進学志願率の極端な低さとも大いに関連性を持っている。毎年行われる2度の志望調査結果を見ると，低迷期における進学志望者数に対する定時制志望率は0.1％～0.5％となっており，最初から定時制を専願する生徒がいかに少数であるかという「現実」をこの数字は示している。③入学者数の定員充足率も低迷期では一時期を除いて40％～60％台の間を上下している。また，最近5年間における在籍者数の総定員に対する充足率（県立のみ）を見ても53.9％（55年度），55.9％（56年度），56.1％（57年度），57.6％（58年度），50.6％（59年度）というように，ほぼ半数どまりの状態である[5]。

　では，ここで示されたさまざまな数字は一体何を物語っているのであろうか。これらの数字が意味するところのものを理解するには，まず基底の部分において，戦後日本経済の構造変動との関わりに注視しなければならない。高校進学率の急速な上昇は，経済の高度成長と呼応しているが，これは産業界の側における知識・技術等の高度化に適応できる人材育成の要請と，県民

表2　S高校における生徒の主要な勤務先等の推移

昭和41年			
三洋電機	46人	市金工業・草津工場	6人
新日本電機	39人	桂製作所	6人
チッソアセテート	12人	島津金属（月ノ輪）	6人
東洋レーヨン	11人	島津製作所（京都）	6人
日本コンデンサー	11人	スターライト工業	6人
国鉄	10人	日本黒鉛工業	6人
東レ・エンジニアリング	10人	日本バイリーン	6人
滋賀総合職業訓練所	8人	瀬田工，八幡工，工手	5人
湖南電機	7人	積水ハウス	5人
日伸工業	7人	無職	14人
農業	7人		
昭和46年		昭和51年	
旭チッソアセテート（守山）	48人	旭化成	14人
三洋電機	37人	松下冷機	12人
東レ・エンジニアリング	23人	木村機械建設工業	8人
滋賀総合高等職業訓練校	18人	湖国精工	8人
湖南電機	11人	滋賀総合高等職業訓練校	7人
立石電機	11人	立石電機	6人
中川電機	11人	東レ・瀬田工場	5人
新日本電気	10人	日本電子ガラス	5人
東レ・瀬田工場	7人	無職	16人
大津専修職業訓練校	7人	昭和56年	
都築紡績	6人	滋賀総合高等職業訓練校	19人
ダイキン工業	6人	湖南電機	6人
市金工業	5人		
湖南精工	5人		
東レ・滋賀工場	5人		
日鉄カーデンオール	5人		
八幡総合高等訓練校	5人		
無職	6人		

出所：石原宣秀「瀬田高校近年史―本校における生徒と勤務の変化―」『昭和59年度 滋賀県高等学校定時制通信制教育研究集録』（滋賀県定通教育研究会, 1985年）p.43。

の側の将来的に有利な人生設計を念頭においたうえでの高学歴志向（というよりは, むしろ学歴の人並み志向という表現を用いた方が適切かもしれない）とが符合した結果であると考えられる。それは同時に, "金の卵" と言われた中卒労働者の単純作業労働者としての大量雇用とも連動しており, このよ

うな状況の中で，定時制教育は勤労青少年のための教育機関として，ほぼ十全にその機能を果たしてきたのである。滋賀県においても，昭和43年には県内企業の強い要請に応じて湖南高校（昼間二部制，普通科）が大津市に新設され，また，翌44年には夜間定時制の大津中央高校（普通科，商業科）と瀬田高校（工業科）が独立校となった。この時期の定時制生徒の主体は，集団就職によって大企業に勤務している者であった（表2）。

　ところが，昭和48年の第一次石油危機以降，日本経済は低成長時代へと移行し，それに伴って定時制教育をめぐる情勢は大きく変わってくる。第1に，構造不況による工場閉鎖や整理，および，技術革新に伴って企業の側が中卒者から高卒者へと雇用の対象を切り換えていったことによって，大企業へ就職できる中卒者の数が激減し，彼らの多くは小零細企業に拡散していくという状況をもたらした。第2に，すでに見たが生活水準の向上に伴って，高学歴志向あるいは学歴の人並み志向が一般化し，その帰結として中卒進学者の全日制高校，とりわけ普通科高校への志向が高まり，それに呼応するかのように行政の側が新設高校（とりわけ全日制普通科）を増設していくという状況をもたらした。これらの状況が相互作用することによって定時制志願者の大幅な落ち込み，および，定時制高校入学者の質的変化を結果することになるのである。より具体的に見れば，全日制高校受験失敗者，全日制高校中退者，極度の低学力者および障害者など，これまでの生徒とは極めて異質な生徒が今日その構成主体を形成しているのである。つまり，近年の日本の経済や社会の急激な構造変化が，結果として定時制教育本来の"働き学ぶ"という教育理念の形骸化と，それからの逸脱を生み出したと言ってよいだろう。それは現実問題として，中学校の能力（成績）に基づく徹底した"輪切り指導"による生徒のランキング化によって，定時制高校は全日制高校の「補完的役割」を果たす（べき）"受け皿"として意識的に位置づけられているという実態に端的に示されている。その弊害が，学校教育不適応生徒の増大，および，それに関わって進級率や卒業率の低さとなって現出していることもあわせて指摘しておかなければならない（1984年5月に滋賀県教育委員会が

実施した「在校生に対するアンケート調査」によれば，1年生の段階で約4分の1が脱落し，順調に4年間で卒業できる者は，同期入学者の6割弱にすぎないという結果がでている）。

以上をまとめれば，次のように言うことができるだろう。草創・発展期および維持期の定時制生徒の大半は，「学力は高いが経済的余裕の少ない家庭出身者」であった。その後，徐々に高い学力の者は減少し，衰退期および低迷期になると，「経済的に余裕はあるが学力は低い者」あるいは，「経済的余裕もあまりなく，学力も低い者」が多数を占めるようになってきた。このように生徒層が変容し，目的意識の不明確な生徒や学習意欲の低い不本意就学者が増加した結果，内部の教育努力だけでは解決できない諸問題が湧出してきた。それは，勤労青少年のための教育機関という独自の位置づけをもって，その役割を果たしてきた定時制高校教育が，高校教育の普遍化とともにその本来の役割を縮小する代わりに，全日制の亜流として，成績原理に基づく高校ピラミッドの最低辺に位置づけられるようになったことと大きな関連性を持つ。つまり，今日，定時制高校への進学機会は所得原理優勢から能力原理優勢へと変化してきているのである。

しかし他面で，「定時制高校は，現在もなお，低所得者層，出身階層の中・低辺層に教育機会を開放するという役割を果たしている。また，働きながら学ぶことのできる教育形態は，リカレント教育の場として成人にも開放されており，定時制高校教育は全日制高校教育とは異なった独自の社会的役割を担っている」[6]ことも確かである。

では，このような実態を踏まえて定時制教育の中・長期的将来を展望してみた場合，どのような方向性がよりベターであり，かつ実現可能なのか。以下でその点について考えてみよう。

第4節　定時制教育の中・長期的展望

臨教審の「教育改革に関する第一次答申」が1985年6月26日に出され，その中で当面の具体的改革提言として，後期中等教育において「単位制高等学

校」を設置する旨が明らかにされた。答申には,「学習者の希望,学習歴,生活環境などに応じて高等学校の教育が容易に受けられるようにするため,個別的に教科・科目の単位の取得の認定を行うとともに,単位の累積加算により卒業資格の認定を行う機能をもつ新しいタイプの高等学校(単位制高等学校)を設置できるようにする」[7]とある。この第一次答申をうけて,文部省の中等教育改革の推進に関する調査研究協力者会議(座長・吉本二郎大正大学教授)は,1986年10月17日,単位制高校の基本的あり方についての報告書をまとめた。この報告書は,臨教審の第三部会の審議過程の中で提示された内容をほぼ踏襲したものとなっている。

　以下で,その具体的な内容について見ていくことにしよう。①単位制高等学校は,生涯教育の観点から,だれでも適時,必要に応じて高等学校教育を受けられるようにすることを目的として創設するが,それは制度上,定時制または通信制の課程の中の特別のものとして位置づける。②受け入れの対象生徒は,中学校卒業後直ちに社会に出て,現在職業に従事している成人,新規中学校卒業者の他,特に卒業を目的としないが,その希望と必要に応じて,一部の教科・科目の履修を目的とする社会人,および高等学校等の卒業者とする。③終業年限は,単位制高等学校が定時制高校の過程に位置づけられることから「4年以上」とする。④入学者選抜については,社会人の学習参加が促進されるよう"学力検査抜き"も認める。⑤入学は原則として年度当初に認めるが,特別の必要があり,教育上支障がないときは,学期ごとに認める。⑥履修形態は学年制をとらず単位制のみとし,生徒は必要に応じ,教科・科目を自由に選択して学習する。⑦授業形態については,できる限り生徒の希望する時間帯に学習することができるようにするため,昼夜間の開講を原則とするほか,土曜・日曜日しか通学できない生徒のために「週末コース」を設ける(土・日曜日も授業を行う)。また,必要に応じて,短期間の集中的授業も実施する。さらに,他の高等学校との連携により,当該高等学校等の授業を履修できるようにするほか,必要に応じて定時制課程と通信制課程との併修によって履修できるようにする。⑧教育課程においては生徒の

ニーズに応えられるよう，多様な教科・科目を用意する。また，教育内容については弾力的に取り扱う。例えば，社会体育活動や家事労働をそれぞれ「体育」や「家庭一般」として認めることや，特別活動（ホーム・ルーム，クラブ活動）は生徒の経歴等によって免除する等。⑨単位の認定は原則として学期の区分ごとに，単位を分別して認定する。その他，次のような学習成果も単位として認定する。（ア）かつて在籍した高等学校等において修得した科目，（イ）他の高等学校等との連携により修得した科目，（ウ）大学入学資格検定の合格科目，（エ）専修学校等高等学校以外の技能教育施設との技能連携による学習成果，（オ）各教科・科目と密接な関係を有する職業における実務等の成果，（カ）外国の学校における学習成果。⑩この学校のみに在籍した生徒は，修業年限以上の在籍を要件として卒業を認定するが，転編入によって入学した者については，かつて在籍した学校の在籍年数と通算して上記修業年限以上の在籍を要件として卒業を認定する。

　すでに述べたことだが，この報告書は臨教審の提示した内容にみあう形で出されたものであるが，修業年限については両者は意見を異にしている。臨教審第一次答申では修業年限を「3年以上」としているが，これは単位制高校だけでなく，現行の全日制「3年」の固定化された修業年限の廃止，定通制の修業年限短縮にまで及ぶ問題を含んでいるため，文部省が慎重な姿勢を示した結果であると言われている[8]。この単位制高校設置について検討を行う前に，臨教審の方針に対して各種団体が表明した意見や提案を見ておこう。

【原則的賛成】
（1）全国高等学校長協会（加藤道理会長，1985年5月17日）
（A）考え方
　新制高等学校が旧制中学校と大きく異なる点は，学制上の在り方を除けば単位制度の導入ということであった。だが，この制度は従来のわが国の学校教育にはなじみにくい面があり，事実上は形がい化されていることは一つの

反省材料といえる。高校への進学率が今日ほどではなかった時代には，さしたる問題となっていなかったが，94％以上という高校への進学率の現在，今日の学年制中心の高校になじめず苦しんでいる生徒や，学習不適応で中途退学する生徒も次第に増加している。

また，社会の変化が生涯教育の必要性を大きく発展させ，再び学校に戻って特定の教科の学習を望む人々も増加している。

このような実態の上に立って，後期中等教育の多様化の一つとして単位制高校設置の考え方には賛成である。

(B) 問題点と検討すべき課題

① 審議経過報告にある単位制高校は，いわゆる学校不適応生徒のための教育と，生涯教育の二重の性格を持っている。この点をどのように整理していくかは現在の定時制教育の経験から考えて，大きな課題となろう。

② 現在の定時制高校は従前の勤労青少年のための教育機関としての性格が著しく薄れ（中卒就職者は現在全国で2万人程度），全日制高校に入学出来なかった生徒や，全日制高校をいろいろな理由で退学した生徒たちが大部分を占めている。一方，定時制高校は次第に学年制から単位制への移行の努力を重ねており，さらには別科・専攻科などで社会人の生涯教育への窓口をも開きつつある。特に最近では，昼夜間を兼ねた定通独立校への移行も検討されている。

この点で，新設の単位制高校と，既設の定時制高校との関係をどう調整するかは，検討すべきことである。

③ 単位制高校で単位の累積加算により高等学校の卒業認定を行う場合，現在の高等学校とあまりにも大きな格差を生じることは大きな問題であり，その弾力的措置はあるにしても，学習指導要領におおむね準拠した履修条件を必要としよう。

④ 単位制高校と現在の高等学校等との間の生徒の転退入や単位の併修，互換について，(ア) 定通教育を含め，現行の高等学校と単位制高校との単位併修の限度をどう考えるか。(イ) 単位制高校在学生が全日制高校・定

時制高校等への転入学を希望した場合，どのような条件で受け入れるか。
（ウ）専修学校高等課程等での学習と単位制高校との単位互換をどのように考えるか。

⑤ 単位制高校における職業科目（技術的科目・情報教育関連科目等を含め）の設置の規模・範囲を生涯学習との関係をも考えて，どのようにするか。

⑥ 施設・設備の充実，教職員の配当基準（カウンセラーの配当を含め），社会人の教師への登用等につき，単位制高等学校の設置を実質的に保障するための措置を考える必要があろう。

⑦ なお，「全日制課程との二重在籍」「他の高校を単位制高校の分校として活用する」「他の高校への授業委託」等は，好ましくない意見であることを付記したい[9]。

（2）全日本中学校長会（鈴木誠太郎会長，1985年5月27日）

① 生涯教育の観点から高等学校多様化の方策の一つとして，単位制高等学校の考え方には賛成である。

② ただし，運用によっては，生徒相互の人間的な接触を通して人間形成を図る場が学校であるという立場からは，単に単位の切り売りとなり，人間教育ができないのではないかというおそれも考えられる。

学校とは何かということを考えさせる問題も含んでおり，これらの点については十分な配慮を求めたい[10]。

（3）都道府県教育長協議会（水上忠幹事長，1985年5月29日）

① 後期中等教育の多様化・弾力化及び生涯教育の観点から高等学校課程への単位制の拡大は有用と考えられるが，単位制高等学校の実施に当たっては，現行の定時制・通信制高等学校においても単位制による科目履修及びその単位取得ができるようにするなど，既存の定時制・通信制高等学校を積極的に活用するような方途を講じられたい。

修業年限については，既存の定時制・通信制課程とあわせて検討されたい。

② 単なる「単位切り売り」とならないよう，高校教育としての全人的な教

育への配慮（特別活動，集団活動，生徒指導等）が必要である。
③　開講時間の拡大，多様な教育課程及び単位認定に対応しうる教職員配置，施設・設備等が必要であるので，単位制課程がその特色を十分に発揮できるよう，格段の行財政措置が講ぜられるように配慮されたい[11]。

（4）日本私立中学・高等学校連合会（堀越克明理事長，1985年5月30日）

　第三部会が六年制中等学校とともに提案しようとしている構想だが，生涯教育などの観点から私立学校でも将来への新しいタイプの高等学校の一つとして注目しているところである。去る58年のアンケート調査でもかなりの関心の高まりがみられた。価値観の多様化が進む時代にあって，むしろ一般社会人のニーズに応える意味で，こうした学校の普及は広く社会的にも受け入れられるであろう。

　だが，この種の高等学校をどう根づかせるか，具体化の段階で十分検討しなければならない点も少なくない。例えば，単位認定について枠を拡大し，他の高等学校で取得した単位のほか，専修学校での学習結果などについても，ある程度，累積加算して認める考えのようである。しかし，高校教育がより受けられやすくするためとはいえ，教科中心に単位さえとれば，といった安易な道が高等学校教育のなかに無制限に開かれるとなれば，人間教育の面からみて問題があり，そのまま見過ごすわけにはいかない[12]。

（5）（社）経済同友会（1985年6月26日）

　単位制高校についても多用化促進のため賛成である[13]。

【反対】

（1）日教組（1985年6月26日）

　生涯教育の観点から，高等学校での履修形態の多様化をすすめる方策の一つとして構想された，新しいタイプの高等学校（単位制高等学校）設置の提言は，次のような問題点を含んでいる。

　それは，①単位制の個別履習となり，集団学習・自治活動・文化活動を通じての人間的成長や社会性の育成が困難になる。②定時制・通信制高校との

関連が明確でなく定時制・通信制高校が単位制高校に転用され，定時制・通信制高校の実質的な廃止につながる問題などである[14]。
（2）女性による民間教育審議会（俵萌子世話人代表，1985年6月26日）
　「単位制高校の設置」は，落ちこぼしの受け皿になる心配を残しています[15]。
（3）教育問題研究会（都留重人代表，1985年6月28日）
　「単位制高校」……子どもの選択能力を育てながら高校の選択教科・科目を大幅に増加させ，同時に単位制を実施することは，高校本来の姿のとりもどしに他ならない。このような改革にとりくまず，特定の単位制高校の創設をもくろむことは混乱をおこすだけである[16]。

　このように新しい高校としての単位制高校の設置については大きく賛否両論に分かれるが，原則的賛成の立場をとる団体においてもいくつかの問題点や課題を指摘している。これらの諸見解をも考慮に入れて，単位制高校設置のメリット・デメリットをまとめておこう。
　第1に，「こう言っては身も蓋もないが，今回の単位制高校についての取りまとめは建前では生涯学習だが，本音を言えば定通制高校の活性化がねらい」[17]という文部省のある幹部が指摘するように，単位制高校導入の背景には，今日低迷期にある定時制教育が抱えているさまざまな負の要因対策，および，1989年以降予想される生徒の急減期対策といった要因が色濃く横たわっている。単位制高校の研究で先行している東京都教育委員会は，1982年に新しいタイプの高校を検討するため「高校教育改善推進委員会」を設置，翌年には「高校教育推進本部」を発足させて，1985年には定通独立高校（後に単位制高校），国際高校，体育高校の3つの新タイプ高校建設構想を打ち上げたが，特に，単位制高校については「定時制高校の振興策」と明確に位置づけている[18]。
　第2に，教職員定数，施設・設備については，「単位制高等学校の特性を十分生かせることができるよう適切な配慮をすることが望まれる」と記されているだけで，第一次答申からの前進面はない。「週末コース」の設置，昼

夜の授業形態をとれば,施設・設備については現行の定通制の転用でまかなえるとしても,教職員定数に関してはそれに見合う分の増員が必要である。ところが,高校の場合,義務教育諸学校と違って,教員の人件費は全額都道府県の負担となり,大幅な教職員定数を必要とする単位制高校は,それだけ地方財政の重荷になる。このような財政面での措置を具体的にどうするか,それに関わる具体的方針は示されていない。

　第3に,教育課程に関しては,教科・科目の自由選択あるいは特別活動の自主参加という形での"自主性の尊重"が謳われているが,今日の定時制生徒の実態を考えると,この自主性の精神がどこまで生かせるかははなはだ疑問である。例えば,1983・84年度に文部省の研究指定を受け,学年制と単位制を併用した教育課程の運営を研究試行し,現在も単位制の併用を続けている宮崎県立宮崎東高校(定通制併置)の菊地政信教頭は,「4年間履修すると88単位まで取れる。80単位以上を卒業要件とすると,生徒によっては不得意な教科を最初からあきらめてしまう一面があることが,単位制を併用して初めてわかった」とか,「中退者が減ったというメリットがある反面,ホームルームやクラブ活動のような全体的な行動がやりにくくなった」などの問題点を指摘している[19]。

　第4に,学年制の廃止および教科中心の「単位の切り売り」に伴う全人的教育の形骸化に対する懸念をあげなければならない。今日の高校教育,とりわけ定時制教育においては,何よりも教師と生徒,および生徒同士の人間的ふれあいによって,互いに人間としての存在や価値観を認めあい,また,そうする中で人格を形成していくという「教育的」プロセスが重要なウエイトを占めている。ところがこの構想は,こうした最も大事な部分が欠落してしまう危険性を多分に内包しているように思われる。

　第5に,単位制高校は定時制活性化のために社会人や高卒者を受け入れる方針を提示しているが,それは生涯学習の観点から見れば一定の評価が与えられるが,しかし,それの実現は現行制度の枠内でも可能であり(現に滋賀県においてもS高校では10数年前から専修生制度や聴講生制度を設けて社会

人に門戸を開いている), あえて単位制高校を導入してまでしなければならない必要性はない。単位制高校導入の背景には, むしろ今日大きく問題化されている全日制高校中退者や全日制高校受験失敗者をとにかく何とかしたいという意図が強く意識されているように思われる。確かに, このような生徒を「教育権」を保障するという意味で救済することは必要である。しかしながら, 現今の単線型教育体系の下で, また, その枠内で制度改革を行っても, すでに見たように学歴に関する価値一貫性の論理が国民の間に深く浸透してしまっている以上, 大きな成果は期待しにくい。否, それよりも単位制高校がさらに定通制高校の下位に新たに位置づけられてしまう危険性を孕んでいることも考慮しなければならない。

このように見てくると, 学年制廃止を前提とした単位制高校の導入はメリットよりもデメリットの方がより大きいように私には思われる。

今ひとつ, 滋賀県産業教育審議会が県教委の諮問を受けて『本県高等学校における産業教育について—とくに定時制・通信制教育のあり方について—』と題する答申を発表した (1985年3月27日) ので, それについて少し検討してみたいと思う。とりわけ, 単位認定の弾力化に関する項目と定通教育の将来構想について見ておこう。

まず, 単位認定の弾力化から検討してみよう。審議会の答申では,「学年制を一部弾力化して単位制を導入し, 学習負担の軽減を図ることが望ましい。しかしながら, 多様化した生徒が入学してくる現状では低学年におけるホームルームを中心とした指導の果たす役割も大きいので, この制度の導入は, 高学年において考えることが望ましい。大学入学資格検定試験に合格した科目については, 一定の条件のもとで, 学校の教育課程に基づく単位修得として, これを認定することが望ましい。また, 定時制の生徒が, 勤務時間の都合等で学校の授業を十分受けられない場合には, 通信制高校での単位修得を認める定通併修や, 通信制の生徒が定時制高校で単位修得することを認める通定併修等を積極的に取り入れるよう検討する必要がある」としている。

今日の定時制高校が多くの低学力者を抱えこんでいるという現状を直視す

れば，このような形での単位認定もひとつの現実的対応と言えるのかもしれない。特に学年制を残した形での単位制の部分的導入については，学年制をとらない臨教審や文部省の単位制高校構想よりも，より教育現場の実態に即したものとして評価できる。しかし，すでに見た宮崎東高校の菊地教頭が指摘したような問題点が表面化する危険性のあることも考慮に入れておかなければならない。

また，将来構想として，現在の定時制・通信制高校を発展的に統合し，夜間定時制と通信制の2課程を併設，さらに必要に応じて，家庭の主婦などを対象とした昼間定時制課程を併置し，あわせて，各種の技能修得のため専修コースを弾力的に開設していくという内容を持つ定通総合高校構想を提示している。

この構想も，定時制教育の今後を展望した場合，本来受け入れるべき対象としての勤労青少年の他に，広く社会人一般にまで門戸を開くことは，確かに生涯学習の場としての位置づけを行ううえにおいて有意義であるかもしれない。だがしかし，それが即定時制教育の活性化につながると考えるのは疑問である。私の前任校での経験から言えば，正規の生徒が，明確な目的意識を持って入学してくる社会人生徒に刺激されてプラスの方向で自分自身を伸ばすチャンスを得られるという点ではメリットがある。しかし反面で，社会人の持つ豊富で多様な経験と明確な目的意識，さらには，彼らの持つ学歴が得てして授業内容の多面性と高度化を要求するため，かえって正規の生徒との間に亀裂が生じ，学校運営および学級運営上困難な状況をかもしだす可能性を多分に内包しているという点を見落してはならない。要するに，定時制教育が対象とすべき本来的主体はあくまでも勤労青少年であって，社会人一般ではないということである。

第5節 まとめにかえて

これまで，いろいろな角度から今日の定時制教育の実態および将来のあり方等について検討してきたが，最後にこれらを整理し，まとめておこう。

今日の定時制教育は学歴社会の真只中にあって，それが本来持つ教育的意義づけから大きく逸脱して，高校ピラミッドの最低辺部分に位置づけられてしまっている。これは，戦後40年の間に日本の社会に広く深く根をおろしてしまった学歴に関する価値一貫性の論理のしからしむる結果である。それはまた，戦後の単線型教育体系が競争原理に基づいたその成績至上主義のゆえに，あまりにも弾力性を欠いた制度であったことの，かつ現にそうであることの帰結でもある[20]。

定時制高校の高校ピラミッドの中でのこのような不本意な位置づけが，定時制生徒に「現実感の希薄化」「刹那的・現在主義的なものの考え方や行動の仕方」「無力感」「将来的展望の欠如」「不安・イラダチ」といった形で，いかに多くのマイナス影響を与えているか，滋賀県定通教育研究会が1980年に実施した「定時制・通信制生徒の生活と意識の実態調査」からも十分に理解できるところである[21]。彼らは，教科にかかわる成績（能力）の低さゆえに，人間としての存在価値まで低く評価されてしまっている。それが，彼らにみじめさやコンプレックスを植えつける根源的な要因となっている。であるとすれば，今日の疲弊しきった定時制教育を活性化させるには，これまでの成績原理主体の教育体系を止揚しうる形での抜本的な制度改革が必要である。と同時に，何よりも傷ついた生徒の心を癒す機会をできるだけ多く設定することが必要である。それは端的に言えば，生徒と教師とが，また，生徒同士が互いに自己を主張しあいながらふれあえる「場」や「時間」を多く設定することの必要性を意味する。そのような観点にたてば，臨教審や文部省の提示した単位制高校の導入は，そういった「チャンス」の縮小化という性格を持つものであるという点で大きな問題を内包している。

もちろん，このことの根本的解決は，学歴に関する価値一貫性を否定しうるような方向での国民の意識変革を必要とする。意識というものは可変ではあるけれども，よほどの強烈なインパクトが与えられない限り，それはすぐには変化しない。戦後40年をかけて築きあげられてきた人びとの学歴に対する信仰は，急速に衰えることはない。"学歴信仰"は今後も根強く存続する

と思われるが[22]，定時制高校で真摯に学ぼうとする生徒が一人でも存在する限り，行政の側はそのための最大限の条件整備を行う義務があるし，われわれ教師集団もこのような生徒に十分応えられるよう地道に自己研鑽と自己変革を重ねることによって，それにふさわしい教育環境づくりに全力を傾注しなければならないだろう。"人づくり"である教育に王道も特効薬もないのであるから。

註

(1) 臨教審の第二部会では，「高学歴化は，子供の価値観とは別に，親の側における戦前の学歴社会意識や親の子供に対する一種の保険的意識の下で，自分の子弟に高学歴を取得させようとする欲求によって進展した」（ぎょうせい編『臨教審と教育改革・第二集―「第一次答申」をめぐって―』ぎょうせい，1985年，p.189）と述べているが，このような理解の仕方は妥当性を持つであろう。

(2) 藤田英典「学歴の社会的効用」麻生誠・潮木守一編『学歴効用論―学歴社会から学力社会への道―』有斐閣，1977年，p.112。なお，臨教審の第二部会では，学歴社会を「個人の社会的地位の決定について学歴の力が他の要素に比し，相対的に大きい社会」とか，「人物評価の価値基準が学歴に偏っている社会，あるいは，個々人の能力の有無が学歴によって測られる度合が高い社会」という意味においてとらえている。そして，学歴の意味を次の3つに分類している。①学校種別（タテの学歴）…小・中・高・大学などの教育程度と教育期間の差，②学校歴差（ヨコの学歴）…有名校・無名校，銘柄校・非銘柄校など，同じ校種間の差，③専門などの分野別学歴…普通高校と職業高校，大学の学部など学部，学科，専攻，課程などの差。このうち学校種別による学歴（タテの学歴）は，すでに戦前の官公庁・大企業等における処遇差や賃金格差の発生という形で形成されていたし，また，学校歴差（ヨコの学歴）・分野別学歴に基づく学歴社会は，戦後の諸制度の改革や所得水準の上昇などによる豊かな社会の実現が，広く国民に進学の機会を開き，高学歴化が進展した結果形成されたと理解されている（ぎょうせい編『臨教審と教育改革・第二集』pp.187-189）。

(3) OECD調査団，深代惇郎訳『日本の教育改革』朝日新聞社，1972年，pp.90-91。

(4) なお，時期区分の基準のうち，ⓐについては片岡栄美のものを採用した（片岡栄美「教育機会の拡大と定時制高校の変容」日本教育社会学会編『教育社会学研究・第38集』東洋館出版社，1983年）。

(5) 資料は，主として滋賀県産業教育審議会の答申『本県高等学校における産業教育について―とくに定時制・通信制教育のあり方について―』（1985年3月）を参照した。

(6) 片岡栄美「前掲論文」pp.162-163。

(7) 参考までに，教育改革提案ヒアリング（1985年2～3月）の際，全国定時・通信制高等学校長会が提示した改善内容を記しておこう。①画一的な学級定員，教職員の定数配置を難易度に応じ弾力的に扱う，②完全独立定時制高校の設置を推進し，昼間定時制・通信制を拡充する，③単位制の一層の推進（定・通併修，大検制度の単位認定，専修学校の単位認定など修学条件の緩和）を図る，④修業年限4年以上を3年以上とする，

⑤別枠入学，勤労体験の評価の加味など定通生徒の大学入学を容易にする，⑥推薦入学での一部私大の差別扱いを廃止する，など（ぎょうせい編『臨教審と教育改革・第一集―自由化から個性主義へ―』ぎょうせい，1985年，p.130）。
(8) 『日本教育新聞』1986年12月22日付。
(9) ぎょうせい編『臨教審と教育改革・第二集』pp.272-273。
(10) ぎょうせい編『臨教審と教育改革・第二集』p.279。
(11) ぎょうせい編『臨教審と教育改革・第二集』p.282。
(12) ぎょうせい編『臨教審と教育改革・第二集』p.284。
(13) ぎょうせい編『臨教審と教育改革・第二集』p.294。
(14) ぎょうせい編『臨教審と教育改革・第二集』p.292。
(15) ぎょうせい編『臨教審と教育改革・第二集』p.295。
(16) ぎょうせい編『臨教審と教育改革・第二集』p.301。
(17) 「ハイスクール・新時代」(19)，『日本教育新聞』1986年11月3日付。
(18) 「ハイスクール・新時代」(20)，『日本教育新聞』1986年11月17日付。
(19) 「ハイスクール・新時代」(21)，『日本教育新聞』1986年11月24日付。
(20) 日米教育協力研究の米国側研究グループが1987年1月4日に発表した『今日の日本の教育』と題した調査報告書によれば，「日本は，並外れた学習社会である」と指摘している反面，日本の教育システムは硬直的・画一的で柔軟性を欠き，個人のニーズや多様性への配慮に欠けていると診断している（『朝日新聞』1987年1月5日付）。
(21) このことの概要については，すでに拙稿「定時制生徒の意識と行動―滋賀県における事例研究を中心に―」（『昭和58年度 滋賀県高等学校定時制通信制教育研究集録』1984年3月）で述べている。
(22) 例えば，NHK世論調査部が1982年8月28・29の両日に実施した意識調査によれば，中学生・高校生を持つ父親の69.8％，母親の76.4％が現在は学歴優先の社会であると思っている。また，そのように思っている父親の47.2％，母親の45.4％が将来においても学歴優先の社会が続くと考えている（NHK世論調査部編『中学生・高校生の意識』日本放送出版協会，1984年，pp.101-102）。

【付論】後期中等教育の課題と展望 ―「平等の不平等」の是正を―

学事出版が，『月刊高校教育』(1990年5月号）で「中教審への期待と注文」という特別企画をした際に，依頼されて書いた文章を再録しておきたい。この中で，私は戦後の単線型教育体系の問題点を指摘するとともに，複線型教育体系への移行を提案した。

高度産業社会状況と人びとの「中流」的生活様式の常態化が価値認識の多元化を招来したが，日本の教育社会はそれとパラドクシカルな関係にある。

一元的な価値序列の原理とそれに対する根強い国民的信仰が「学歴主義」「学校歴主義」を構造化させ，それらが一方で学力差による学校の序列化，学校教育の枠外での学力獲得競争を激化させ，他方で教育内容の未消化の増大，教育困難の深化といった病理現象をもたらした。これらの現象は，端的に言えば，現行の単線型教育体系の負の所産である。そこで私は，制度改革は方向性として複線型教育体系への移行を含みとして持ったものであるべきだと考える。とりわけ，「平等の不平等」を是正する意味においても「選択の自由」と「競争の原理」を学校教育の中に正当に位置づけることが必要であろう。このような基本的理解に基づいて，第14期中央教育審議会の「後期中等教育の課題」について私見の一端を述べてみたい。

　第1に，生徒の個性・適性を生かし，多様化したニーズに対応するひとつの方途として，「選択の自由」を実質的に保障するという視点から，まず四年生高校設置については，設置の理念を現行の3年の教育内容に何かを付け加えることにではなく，むしろそれを4年で身につけさせることにこそ置くべきだと考える。このような理念のもとで設置する場合には，四年生高校が三年生高校の下位に不当に位置づけられることのないよう，すなわち，学校の序列化の深化を促さないよう考慮する必要がある。そのためには，高等教育等との関連を考慮して，現行の後期中等教育とは全く別の枠組みの中に位置づける必要があろう。また，3年間で卒業に必要な単位を修得できるような配慮も必要で，該当者には高等教育機関への進学や就職への機会を与えるような柔軟な対応策も講ずるべきであると考える。

　さらに，既存の普通科・職業科の枠組みを超越した新しいタイプの高校設置も，単線型教育体系の持つ画一性を打破できるものと期待される。この場合も，四年生高校と同様の体系的位置づけをする必要があろう。

　第2に，単位制度の活用について考えてみよう。学年制の最大のデメリットは，履修すべき科目が特定の学年に指定されており，一科目でも単位の修得が認定されなかったときには進級・卒業は認められないところにある。そこで，高校教育の基本的あり方を，ほぼ同一年齢の集団の中での持続的な

人間関係を通じて生徒間の協調性・連帯感・帰属意識を身につけさせるとともに、「個」としての人間を形成していくことにあると理解するならば、完全に学年制の規制をはずす方向においてではなく、そのデメリットを補完する形での活用を考えるべきであろう。

具体的には、履修と修得の分離、条件整備のための財政的裏打ちを前提として、次のようなことが考えられる。①単位未修得による原級留置を改め、不認定科目があっても可能な限り進級させ、次の学年で当該科目を再履修できるようカリキュラムの編成に工夫を講ずる。最高学年において積み残しがある場合には、卒業年度末以降において当該科目のみを当該校で再履修させるか、通信制高校等において履修させ、それを在籍校の教育課程に位置づけて単位認定を行い、卒業に必要な単位数に加算する。②「選択の自由」の保障から必修科目を大幅に削減し、とりわけ二学年以降は学年の枠をこえて履修可能な選択科目を設定する。③単位修得の合理化を図るために、現行の三学期制を二学期制に改め、特定の科目においては学期の区分ごとに単位認定を行う。また、大検の合格科目を在籍校の履修科目として単位認定する。

最後に、受験競争の過熱化などの弊害を予期しつつも、「競争の原理」の正当な位置づけ、個性教育の推進による教育権保障の観点から、人格形成に関わる教育的配慮のもとに、教育上の例外措置を講ずるべきだと考える。

補　章　　卒業生へのメッセージ

1．「豊かな社会」に生きる現代青年に思う

　私たちが生きている現代社会は，一般に大衆社会（mass society）とよばれています。それは産業革命を契機として農業社会から工業社会あるいは産業社会（industrial society）へと移行してきた社会が，高度に発展した段階での人間のあり方についてのさまざまな特徴を包括的に示す言葉です。現在はそれよりさらに進んで，情報産業（知識産業）が中心産業を占める「情報化社会」あるいは「脱工業社会」へと移行しつつあります。この今，進行しつつある，あるいは中期的将来において到来すると思われる社会のことを，いろいろな学者がいろいろな言葉で表現しています。例えば，「テクネトロス・エイジ technertros-age」（Z.ブレジンスキー），「文明後の社会」（K.ボールディング），「ポスト・インダストリアル・ソサエティ post-industrial society」（H.カーン）というように。

　このように，いろいろな名称でよばれても，このような社会に共通していることは，①技術革新を通じての科学技術の発達，②耐久消費財（例えば，テレビ，電気冷蔵庫，自動車など）の需要の増大，③そして，巨大な販売組織（例えば，チェーン・ストアー，スーパー・マーケットなど）の発達による大量販売などによって，私たちは欲しいと思うものはそれなりの代価（お金）を支払えば容易に手に入れることができるという点にあります。その意味では，私たちは物質的には「豊かな社会」に生きていると言えます。また，このような科学文明や機械文明が，人類の進歩と福祉に多大な役割を果たしてきたことは言うまでもありません。

　しかし，逆に，科学文明の発達によって失なわれたものや損なわれたもの

もたくさんあるということを見逃してはいけないと思います。特に人間性や人間関係において，それは顕著にあらわれています。まず，社会のあり方から見ていきますと，現代は「組織の時代」と言われるように，私たちは，さまざまな組織や集団の中に同時に所属して生活していますし，そのように生きることを余儀なくされてもいます。ひとり孤島で生活したロビンソン・クルーソーのように生きていくことはできません。例えば，私たちにとって最も身近な存在である家族，地域社会，遊び仲間，学校社会，職場社会など，さまざまな役割や機能を持った組織や集団が綱の目のように存在し，それらが相互に関連を持ちながらひとつの社会を形づくっているわけです。そして，私たちは，時と場合によってその準拠する組織や集団を異にしながら社会の中で行動し，それぞれの役割を果たしています。ところが，そのような組織や集団そのものも官僚制化されて，そこに所属している多くの人びとは，巨大な組織のピラミッドの中で一個の部品としての存在しかあてがわれず，また，大量生産された規格品を消費し，巨大なメディアから一方的に流される莫大な量の情報にどっぷりつかって個性や主体性を失い，平均や標準を努力目標とするような「平均的人間」あるいは「他人志向型」の人間になっていく危険性を多分に内包していると言えます。このような大衆をD.リースマンは「孤独な群衆」とよんだのですが，私たち一人ひとりの中にそのような傾向性を持っていることは否定できません。

　そこで，このような社会に生きている現代青年に眼を向けてみますと，彼らの大半は，高度経済成長と「いざなぎ景気」という戦後日本社会の最も安定した時代に生まれた人たちです。つまり，文明的恩恵を満身に受けて成長してきた世代であり，年齢集団です。

　ここで，私たちにとって最も身近な存在であるテレビを例にとって考えてみましょう。昭和40年のテレビ（白黒）普及率が6割弱ですから，彼らの多くは，生まれたときからテレビとともに成長してきたと言えます。それだけに，彼らがテレビから受けた影響は大きいと言えます。例えば，昭和56年版の『青少年白書』によりますと，「高校生の考え方に影響を与えたもの」の

トップは「テレビ・ラジオ」（42.9％）となっています。つまり、彼らは、情報の多くをテレビから得ており、しかも、それを受動的に摂取しているわけです。その結果、会話とか学校教育を通じて、言いかえれば、人間との接触（＝人間関係）によって情報を摂取したり消費したりする機会は減少してきています。また、会話の内容それ自体が、テレビ番組を見ていなければできないという状況にあり、いわゆる「テレビ人間」が続々と創り出されています。林雄二郎は「テレビ・メディアの中で育った子供たちは、やがて次第に論理をたてまえとする人間から感覚をたてまえとする人間、つまりいっさいのものを感覚で判断し、感覚で認識し、感覚で理解する、そういう人間になってしまった」（『情報化社会』講談社）と指摘していますが、要するに、映像世代は「感覚人間」だということです。みなさんも毎日経験されていると思いますが、テレビを見ているときには想像力はほとんど喚起されません。つまり、「テレビはイメージを全部与えてくれるので、心の中で視覚化活動をする必要がない」（ケイト・ムーディ『テレビ症候群』家の光協会）わけです。

　他方、テレビは、いろいろな点において、社会に対してプラスの影響も与えていると言えます。スイッチをひねれば、居ながらにして世界各国や日本各地の情報をほぼ同時的に知ることができますし、最新の知識や情報、伝統的な文化や慣習等も知ることができます。このように、テレビは、プラスとマイナスの両面をあわせ持っているわけですが、それは、マス・メディアとしての性格上やむをえないと言えます。

　そこで、私たちが自らの意思や信念に従って主体的に生きていこうとすれば、洪水のように流れてくる情報を選択しなければなりません。それを可能にしてくれるのが、科学的認識です。この科学的認識は、決して「感覚」からは生まれてくるものではなく、それは「論理」から生まれてくるものです。その「論理」あるいは「論理的思考能力」は、主に文字（活字）を通して、その多くは書物を読むことによって培われると言ってよいでしょう。

　ところが、すでに見たように、テレビの影響があまりにも大きすぎるため

に，最近の高校生は書物をあまり読まなくなりました。昭和54年版の『厚生白書』によりますと，高校生の1カ月間の読書量は激減しています。昭和31年段階で本を1冊も読まない高校生は男子8.1％，女子3.3％であったのが，昭和53年ではそれぞれ56.1％，35.6％に大幅に増えています。ただ，マンガはたくさん読まれています。『ドラえもん』（小学館）は通算で2,500万部も売れたと言われています。なぜ，マンガがこれだけ読まれるのでしょうか。それは，「マンガはスピード感と迫力，破壊や殺傷，人生観，社会観，感覚的表現などの特徴をもち，他人にわずらわされず，個人的で，いつでも，どこでも読みたいときに楽しめるという性格をもっている」（西平直喜『現代青年の意識と行動』大日本図書）からです。現実主義的・刹那主義的に生きようとする現代青年の感覚にピッタリ一致するわけです。確かにマンガにも一定の評価は与えられますが，テレビと共通する面（特にマイナス方向での）をあわせ持っていることも理解しなければなりません。とにかく，現代の青年文化は，テレビ文化でありマンガ文化であることは確かなようです。

　高校生の世代（年齢集団），つまり，青年中期・後期は「精神生活時代」と言われています。厳しいオトナの世界で生きていくために「豊かな精神」を養う時期であり，E.H.エリクソンの言う「アイデンティティ identity」（＝「自我同一性」）を確立する時期なのです。そこで，みなさんとともに考えてみたいのですが，人生において重要なこの時期にテレビ文化やマンガ文化にどっぷりつかっていたらどうなるでしょう。確実に言えることは，いつまでも「モラトリアム人間」でありつづけなければならないということです。つまり，いつまでもオトナになれない・オトナにならない人間として存在しつづけるということです。そのような人間でありつづけるということは本人にとって不幸であるだけでなく，社会全体にとっても不幸なことであることは言うまでもありません。

　このような病理的な状況を克服するためのひとつの方法は，「知識」，それもたんなる知識ではなく，ものごとを論理的に組みたてて理解することができるための「知識」を持つことと，豊かな「想像力 imagination」を持つこ

とだと思います。そのような「知識」や「想像力」は，基本的には読書することから得られると思います。その読書の方法についてですが，スポーツや芸道（華道，茶道など）は，まず基本的な「型」をマスターすることから始めますが，読書の場合には「型」にこだわることよりもそれを習慣づけることだと思います。要は，必要なときに必要な書物を必要な量だけ読めばよいということです。知識が増えれば，それだけ人間関係も広まり，より深くなって，社会の動向に眼を向けることができるようになり，さらに社会的な出来事を自分の生活や生き方に関連づけて理解することができるようになると思います。そのようにして「論理人間」になれば，傍観者の立場から解放されて，いつも主体者でいることができるということです。また，そのことが，「豊かな社会」の中で「豊かな精神」を持って生きることを保障することにつながると信じます。そういう意味で，読書は，情報が目まぐるしく変化する現代社会に適応して生きていくための基本的なあり方を教えてくれるバイブルや羅針盤になると思います。今日の社会が「不確実性の時代」（J.K.ガルブレイス）とか「視界ゼロの時代」（小此木啓吾）とか言われているだけに，なおさら読書の必要性を強く感じるわけです。

2．「格好良く生きる」ということについて

諸君，卒業証書を手にした感想はいかがですか。「感激！」「別に何とも思わない」「くだらない！」。いろいろな返答が返ってきそうです。この4年間の定時制生活に対する思いは，一人ひとり全く違うのですから，当然のことながら卒業に際しての思いも，人それぞれだと思います。私の思いも一人ひとりに対して異なりますが，しかし，私は，人生のひとつの区切りをクリヤーした諸君たちにあえて「卒業おめでとう」という言葉を送りたいと思います。特に，自助努力の成果として卒業証書を手にした人には，心から「おめでとう。よく頑張りましたね。」と申し上げたいと思います。

さて，諸君たちが手にした卒業証書は，「高校の学習指導要領をマスターした」ことの証として授与されたものですから，その意味では，諸君たちは，

ともあれ「高卒」の資格を得たことになります。全日制高校卒業であろうと，定時制高校卒業であろうと，資格としての「高卒」という点においては全く同等なのです。授与された卒業証書を見てください。どこにも「定時制課程」とは書かれていません。全日制と全く同じ文面なのです。

　高学歴社会日本で，「高卒」という肩書がどれほどの有用性を持つのかわかりませんが，今日の日本の社会が「資格社会」という一面をも有している現実を鑑みますと，「高卒」も大切な資格要件のひとつです。諸君たちの多くは，「せめて『高卒』の肩書だけはとっておきたい」という思いを持っていたことだろうと思います。職を持ちながらの学校生活は，いろいろな意味において大変だったろうと思いますが，特に4年間を通して両者を両立させてきた人は，「高卒」という肩書以上に貴重な人生の糧を得られたのです。組織の中の人間として自分を位置づけ，与えられた役割を遂行していく中で，そこで働く人びとのさまざまな人間模様を観察し，人間関係のあり方をそれなりに学び得たとするならば，それは今後の自己の生き方に大きくプラスするはずです。

　今，卒業式という通過儀礼を終え，諸君たちと別れる（担任と生徒という社会関係を解消する）に際して，私が日頃考えていることの一端を少し述べておきたいと思います。

　最初に，いわゆる「新人類」などと言われる若い世代の人びとのあり方について述べておきたいと思います。ひところ流行ったティーン・エイジャーの世代分類によれば，私はちょうど「墓石」世代（35〜39歳）に該当し，彼らからはもはや交信不可能な存在として位置づけられています。翻って，私たちの世代から今日のティーン・エイジャーを見てもよく似たことが言えるのです。つまり，彼らのものの考え方や行動のし方がよく理解できない，何となく周波数や波長があわない，ということなのです。価値判断の基準に大きな差異があることの結果なのでしょうか。

　私は先日，『若いやつは失礼』（小林道雄，岩波書店）という本を読み，私も著者と同じ思いでいることを確認しました。小林氏は「あとがき」の中で，

「若い人には格好良くあってほしいと望む」ので，「今回小言幸兵衛役を引き受け，日ごろ感じていた若い人たちへの苦言を呈することにしたわけである」と述べています。小言幸兵衛というのは落語に出てくる口やかましい世話やきの大家だそうですが，小林氏によれば今の若者はどこから見ても格好良く見えないのだそうです。つまり，近ごろの若者がすること，なすことは全く失礼極まりないということなのです。その中には若者の精神的退行（幼児化），人間的退廃といった意味あいが含まれています。

　そのようなことを立証する事例を，私たちは日常生活でよく目にし，耳にします。身近な具体的事例をいくつかあげてみましょう。人と顔をあわせても挨拶しない（幼少の頃よりその方面の社会的訓練がなされていなかったり，習慣化していないのでできないと言った方が適切なのかもしれない）。職員室で大声でしゃべったり，奇声を発したりする（職員室はゴーゴー喫茶や動物園ではない！）。ソファーには極端に腰をずらし，決して長くもない脚を伸ばして大股開きで座る（小林氏によれば，現在の日本でそのような座り方をするのは，ヤクザか政治家と相場がきまっているとのことです）。教師の椅子に無断で座り，しかもこちらが要求しない限りいつまでも居座りつづける（まさに厚顔のなせる行為である）。ところかまわず「ウンコ座り」をする（実に醜きかな！）。靴のかかとを踏みつぶして履く（かかとを踏みつぶすくらいならスリッパかゾウリでも履いたらどうか？）。仲間同士にしかわからない隠語での会話，「エー」「ウソー」「ヤダー」という奇異な叫び声の連発（これが人間の会話・話し言葉だとは，私にはどうしても思われない），等々枚挙にいとまがありません。諸君，思い当たるふしはありませんか。

　要するに，私の眼から見ても今の若者（全部ではありません）は決して格好良くは見えないのです。私たちの価値基準（それは多分に新・旧よりも，善・悪によりウエイトを置いたものですが）によれば，どういうあり方が若者にとって格好良いあり方なのでしょうか。次に，このことについて少し考えてみましょう。

　青年期は，人間が社会生活を営むのに欠くことのできない資質・能力をふ

くむ「自己の原型」をつくりあげていく時期だと言われます。つまり, 人間は, この時期に, 生まれおちてからそれまでの生涯史で獲得してきた諸能力・行動様式・習俗などを, 生涯持ちつづける持続的な質として自分のうちに発酵させて, 自ら新しい自己をうみだしながら, 個としての自己をつくりあげるということなのです（山科三郎『青年の自立と人間性』青木書店）。この自己産出の時期に, 今諸君たちはいるわけなのです。

「青春時代に自己の力量を出し切らなかった思い出ほど後味の悪いものはないのであって, その悔恨は一生私たちを苦しめるのである」とは作家の河盛好蔵氏が言った言葉です（『愛・自由・幸福』新潮社）。青年期の過し方いかんが, その人の人生を大きく左右するということなのですが, 青年期という感受性の強い, 身体的発達の著しいこの時代に, 自分の精神の糧になり, 自分の力量の養いになるものをできるだけ豊富に摂取することが肝要なのです。自分たちにとって何が「精神の糧」であり「力量の養いになるもの」なのかは, 人それぞれ自分史を異にしますので, 一概に「これだ」とは言えませんが, 共通して言えることは, それらの多くは人間同士のまじわりによって, すなわち, 人間関係を手段として獲得されうるものだということです。

人間関係は, 大きく地縁・血縁の社会での人間関係と, 偶然による人間と人間の結びつき, あるいは地縁・血縁によらない人為的な組織でむすびあわされる, いわゆる「社縁」による人間関係とに分けられます（加藤秀俊『人間関係』中央公論社）。青年期は, まさに前者の人間関係から後者の人間関係への過渡期にあると言えます。加藤氏は,「過渡期のわれわれにとっていちばん大事なことは, じぶんたちの慣れてきた方法を他人の世界に安易に応用するのではなく, 他人の世界での人間関係の原理とルールを探究することである」（『前掲書』）と述べていますが, 要は, 相互に異質であることの確認を前提にして, 互いが刺激しあい, 学習しあうことによって共通項を「つくり」だし, それを基盤として相互に人間変革を行っていくこと, つまり,「創造的人間関係」を確立することが必要なのです。

また, 鈴木健二氏が指摘しているように, 人間関係とはその人の「全人格

の他人への反映」，すなわち，その人自身を写した鏡でもありますから，自分の長所・短所を見きわめ，無理のない自然な振舞いの中から人間関係をつくっていくことが肝要でしょう（『気くばりのすすめ』講談社）。決して背伸びしてはいけないということです。背伸びせずに，自然体で他の人とまじわる中でお互い共鳴しあう部分を発見し，それを糧にし，養分にして，人間として成長発展していく，そのような「切磋琢磨」の関係をつくり出すことが大事なのです。加藤氏はこのような人間関係を「つきあい」とよんで，人間が単に他人と知りあいになることを目標とする「おつきあい」とは区別し，前者をより高次の人間関係と位置づけています（『前掲書』）。

　では，このような「つきあい」は，何を基礎要因として可能となるのでしょうか。一言で言えば，私は，それは鈴木氏の指摘する「気働き」と「心くばり」，すなわち，「相手に対する思いやりの心」や「小さな，何気ない心のあり方」だと思います。このような土台があってこそ，人と人との間の関係が，「ルール」と「けじめ」のある関係となり，それが「あたり前なことが自然にできる人間」を創りあげていくことになるのです。では，この「あたり前なこと」とは一体何を言うのでしょうか。それは，「些細な事柄をおろそかにしない精神，一つ一つの日常的な雑事をたんねんにこなしていく努力」であり，具体的には，「人に挨拶すること」であり，「人の話をよく聞くこと」であり，「話を聞いたら次によく考えること」などです。人間の営みは，この当り前な事柄の集積によって成り立っているのですから，このことはとりわけ重要です。当り前のことができる人間こそ魅力的な人間なのです。もちろん，その上に他の人が持っていない才能がプラスされれば，はるかに魅力的なのですが。

　人間誰しも格好良く生きたいと願っていると思いますが，格好良く生きるということは，結局，「気働き」「心くばり」を土台にして「創造的人間関係」を確立し，この人間関係を通じて「精神の糧」「力量の養いになるもの」を摂取し，アイデンティティを持って人生を生きることだろうと思います。

　今，「自分の原型」をつくりあげる青年期にある諸君たちがすべきことは，

格好良く生きるための土台をしっかりと構築する心構えを養い，そのための努力をすることです。この一歩なくして格好良く生きる展望はおぼつきません。これをなすことは「むずかしい」ことなのですが。

　やさしい
　むずかしい
　どっちもほんとうだ。然し，むずかしい道を踏んで踏んで踏みこえて，真に，むずかしさを苦悩した上で，初めて
　〜やさしい
を知った人でなければ，ほんものではない。

（吉川英治）

3．「自分の原則」を持つということについて

　諸君の新しい門出を祝するに当たり，日頃私の感じていること，考えていることの一端を述べておきたいと思います。君たちは，これまでの4年間，半ばは職業人（社会人）として，半ばは高校生として限られた条件の中で生きてきたわけですが，これからは否が応でも，職業人あるいは社会人として生きていかなければなりませんし，世間も君たちをそのような眼で見，扱うことになります。確かに今日の日本では，生理的成熟の時期と社会経済的自立の時期とのずれが著しく拡大する傾向にあり，また，職業的進路の多様化のために一職業人として一人前になる時期や，結婚によって一家を構える時期の個人差が広がっていると言えます。例えば，高校生に，自分が一人前になる年齢についての見通しについて訊ねたある調査によりますと，自分自身で一人前だと思えるのは平均23.9歳で，そのころになれば，世間の人も一人前と見なしてくれるだろうと思っています（24.1歳）。ただ，社会の見方（28.2歳），仕事（28.5歳），家庭人（30.4歳），人間としての幅の広さ（33.5歳）という点ではかなり年齢的に高くなっています（『モノグラフ高校生'84』11号，福武書店）。君たちは，現在20歳前後ですから，制度的には一人前の

法律行為のできる資格を持っているか，その一歩手前にあるわけですが，実質的に「一人前である」ということとの間には大きな隔たりがあることを認識しておく必要があるでしょう。

　私は，定時制が本務校ですが，大学や短大でも君たちと同年代の若者を相手に社会学などを講じています。そこでいつも感じることなのですが，今日の若者の多くは，私のような団塊の世代の人間から見ますと，どうも刹那主義的な生き方をしているような気がしてなりません。つまり，「現在」という時間的・状況的座標軸を絶対的基準として，「現在こそすべてである」，だから，「現在をいかにエンジョイするか」ということに心を砕いて生きているのではないかということなのです。しかも，「善悪」よりも「新旧」を価値判断の基準として思考し，行動しているのではないでしょうか。「新しければ新しいほどトレンデイーで価値があり，旧いものはダサくって価値がない」，そういう感覚が，ものの考え方や行動の仕方を支配しているのではないでしょうか。もちろん，それはそれでひとつの生き方だとは思いますが，しかし，「現在」は「過去」から「未来」への通過点にすぎないということも見逃してはいけないと思います。

　私たち団塊の世代の人間は，戦後の経済復興期から高度経済成長期，そして今日の，「豊かな社会」と言われる時期という時間的流れの中で生きてきました。「『戦後』は『パックス・アメリカーナ』，すなわち，アメリカの力による平和と繁栄そのものであった」（吉田和男「『戦後』の終わり」『読売新聞』1993年1月25日付）とも言えますが，しかし，そういう状況の下で日本人の多く（特に，君たちの祖父や父親の世代）は，過去のすべてを積分＝統合化して背負いこみ，それにしがみついている人間，すなわち，パラノ型人間（浅田彰『逃走論』筑摩書房）として生きてきたのです。ですから，君たちの世代にとっては，今日の日本の「豊かな社会」状況は所与のもの，つまり，「与えられたもの」であっても「創りあげたもの」ではないので，それを当たり前のこととして受け止めたり，また，そう受け止めることに何のためらいも違和感も持っていないと思います。しかし，既に述べましたよう

に,「現在」は「過去」から「未来」への通過点にすぎないのですから,「現在」を基点にしてものごとを考え,行動するにしても,「過去」に眼をやり,「未来」を志向することが求められるでしょう。

今日,日本人の平均寿命は,男性76.11歳,女性82.11歳（1991年現在）で,日本は男女ともに世界一の長寿国となっています。君たちは,このままでいきますと,数字の上ではあと60年前後生きられることになります。これまで生きてきた3倍もの歳月を生きていくことになるのです。この60年というスパンの大半は,職業人として生きていくことになるのですが,現代は高度に科学技術が発達した社会であり,今後ますます技術は高度化し,複雑化していくことになるでしょう。それに対応して常に最新の技術を身につけていくことがこれからの職業人には要求されていくことになります。

1991年1月29日に龍谷大学において「21世紀の日本人を考える」というテーマでシンポジウムが行われました。その中で,ロンドン大学教授のR.P.ドーア氏は,「現代産業社会の新しい問題」というタイトルで話をされ,次のように述べられました。「現在,国家間の新重商主義的な競争,そこから生まれる産業政策,企業の市場競争などが絡み合って,新技術の開発,集積のスピードはますます加速化されつつある。市場が真の意味で地球規模化するに従って,競争が激化し,その競争に勝つためにより早く新しい商品を開発することが求められる。その結果,技術改良・開発のテンポが非常に速くなってきた。そこで長期的な展望に立つと,高度な技術を取得する基本的能力がますます重要になり,『能力レッテル』である学力がますます重視される『能力主義的学歴主義』の社会へ移行していく。そこでは『頭の良いものの希少性』『頭の悪いものの剰余性』という問題がでてくる。つまり,効率を追求するあまり,頭の良いものを対象にむしろ労働強化が行われて,需用と供給のバランスが崩れ,完全雇用がむずかしくなる」。

また,ドーア教授は,近著『21世紀は個人主義の時代か－西洋の系譜と日本－』（加藤幹雄訳,サイマル出版会）の中でも次のように指摘しています。「近代技術のひとつは,所得の分配だけではなく,労働時間の分配について

も不平等をもたらす傾向があることである。使用技術の高度化が進むにしたがって，労働構造すなわち労働需用パターンが変化する。ほとんど誰でもやり方を学べるような仕事は，なくなりつつある。一方，高度に複雑化した仕事－すなわち長期訓練を要するだけでなく，全人口のごく少数の人びとしか持ち合わせていないような学習能力水準を必要とするほど複雑化した仕事の数は着実に増えつつある。(中略)。今日，社会が必要とする複雑化したすべての仕事をこなせる能力をもつ人びとの数は，十分ではない。一方，単純な仕事をすることしか学べない人びとの供給は，その有効需用を超えている」。

　要は，君たちがこれから生きていく未来社会は，非常にクールで甘えを許さない，実力と資格とを要求するシビアな社会だということです。能力主義・業績主義の社会へ移行していくわけですから，仕事の上では基本的には性的区別も年齢的区別もなくなります。女性にとっては実社会で自己の能力が発揮できるチャンスが拡大していくことになりますが，同時に，これまでの女性としての観念が通用しなくなります。他方，男性にとっては女性をも競争相手にしていかなければならなくなります。そこで私は，今，君たちがモラトリアム時代を終えて実社会に飛び立とうとするに際して，次のことを強調しておきたいと思います。それは，「自分の原則」を持つということです。このことは歴史学者の羽仁五郎が述べたことなのですが，要するに，「第一は，自分らしく生きるための原則を発見すること，第二は，その原則をいろいろの場面にあてはめて，空間的なひろがりで考えてみること，第三には，その原則を時間的に見通してみること」(『自己発見の方法』青春出版社)によって，自分が自分であることを発見する，ということなのです。そのことが自らの存在感を他者にアピールすることになり，それがまた「生きがい」に結びつくことにもなります。ただ，人間の生きがいというものは，大変複雑で，人によって内容を異にするということは言うまでもありません。しかし，社会が目まぐるしく変化していく現代にあって，「自分の原則」を持って生きるということは，既に述べましたように，「現在」を「過去」に照らし合わせて認識し，そのうえで「未来」志向的に自分に適した生き方・

自分であることの生き方をすることにほかならないのです。

　青春は再び戻ってくることはありません。「現在」を自らの若さにまかせて，うかうかと過ごしてしまって，あとで過ぎ去った時の重大さに気づいて後悔するよりも，今，若いときに，できるだけ多くのものを学び，多くのことを経験して，「自分の原則」を持つための糧を貧欲に摂取してほしいと思います。

　最後に，中国の代表的な詩人・陶淵明（紀元前425〜365年）の雑詩の一節を挙げておきます。

　　盛年重ねて来たらず
　　一日再び晨になり難し
　　時に及んでまさに勉励すべし
　　歳月人を待たず

4．「気くばり」について

　私たちが生きている世の中（人間社会，世間，娑婆）は，人間関係が基礎となっています。私たちは最も身近な存在である家族，教育や人格形成の場としての学校，仕事の場としての職場，日常生活を営む場としての地域社会など，いくつもの社会集団に重複所属しながら，網の目のように張りめぐらされた人間関係のネットワークの中で生活しています。その意味で，社会は「人間関係の総体」と言えるのですが，このような社会の中で，私たちが「上手に生きていく」ために何が必要なのかを少し考えてみたいと思います。

　「上手な生き方」をするのに必要な処方箋はいくつも考えられますが，その中で私が最も大事だと思うことは「気くばり」だと思います。人間は，全く人とつき合わずに生きていくことはできないのですから，人づき合いにおいて「気くばり」が大事であることは誰もが認めるところでしょう。では，「気くばり」とはどういう意味なのでしょうか。『広辞苑』（第4版，新村出編，岩波書店）には，「気くばり」とは「不注意・失敗がないように，いろ

いろと気をつけること」と書かれています。

　精神医学者の斎藤茂太氏は，『人間関係がよくなる心理学』（三笠書房）という書物の中で，「人間関係における『気くばり』という行為を簡単にいってしまうと，『相手に対して好意で何か役に立つことをする』ということになる」と述べています。ここでは「いい人間関係」をつくることを前提にして「気くばり」という行為を定義づけていますが，氏はまた，「いい人間関係」というものは必ず「好意」を前提に生まれている，とも述べています。ここでいう「好意」とは，「あなたが好きです」「あなたを大事だと思います」という気持であるということなのですが，「この『好意』こそ，生き方の原点になければならないものだ」とも指摘しています。

　このように，茂太流の「気くばり」は，相手のことを思いやり，大事にしているという気持を態度と行動で表すことにほかならないのですが，それは，言いかえると，「『気くばり』は，『好意』を具体的な行為に変換して表現する一つのテクニックである」（『前掲書』）ということになります（鈴木健二氏も「気くばりは技術である」と『気くばりのすすめ』という書物の中で述べています）。

　では，「いい人間関係」をつくるためにはどういうテクニックが必要なのでしょうか。斎藤氏は，「好意」の表し方のポイントとして，「相手の存在を認め，尊重する」「相手に不快な思いをさせない」「相手を喜ばせる」の3点を指摘し，さらに，「気くばり」をする相手をよく知るためには「相手がどんな性格の人物かを知る」「相手がどんな状況にあるのかを知る」ことが必要であると述べています（『前掲書』）。要は，「気くばり」という行為は「好意」を前提におきながらも，相手や状況によってテクニックを実践的に使い分けなければならないということなのです。諺に言う「人を見て法を説け」（Beware what and whom you speak）ということでしょうか。

　私たちは誰しも，同じ一生を送るのならば，できるだけ「いい人間関係」の中で生きたいと思うのが一般です。それは，「お互いに親愛の情を感じ合える人間同士のあいだには，交際術の必要はない」（河盛好蔵『人とつき合

う法』新潮社)からなのかもしれません。しかし，現実はそんなに甘くありません。河盛氏が指摘しているように，私たちはすべての人を愛することも，すべての人から愛されることもできないのです。社会生活においては自分の気に入った人間とだけつき合うことはできません。自分を好まない，自分を「イヤなやつ」と考えている人間につき合ってもらわなければならない場合の方がむしろ多いのです。そのような場合にこそ，「人と付き合う法について工夫をしなければならない」のです(『前掲書』)。

　私たちは，一定の学業期間を終えますと，次は職場という空間の中で多くを過ごすことになります。職場は地位と役割によって編成された組織社会ですから，その中で働いていると，好きな人(気の合う人，好感の持てる人)と嫌いな人(気の合わない人，嫌悪感を抱く人)がでてきます。好きな人と一緒に仕事をすることは楽しいことでもあり，やり甲斐のあることでもあります。しかし，嫌いな人と仕事上のつき合いをすることは大変難しいことです。えてして私たちは，嫌いな人に対しては拒否行動，逃避行動，攻撃行動といった対人行動をとりがちです。しかし，このような対人行動をとりつづければ決して「いい人間関係」は形成されませんし，それが結果的には組織全体に悪影響を及ぼすことにでもなりますと，組織人としてそのような行動をとることは許されなくなります。組織の中では，一個人としてよりも組織の一員として行動することが求められますし，また実際に，そのように行動しています。特に集団主義的な特質を持った日本社会においては，なおさらこの傾向は強いと思います。

　では，私たちは「嫌いな人」とどうつき合ったらよいのでしょうか。どのような「気くばり」をしたらよいのでしょうか。心理学者の斉藤勇教授が『嫌いな人とどうつきあうか』(ダイヤモンド社)という書物の中でひとつの処方箋を示していますので，以下で，それについて私の実体験をも交えながら少し考えてみたいと思います。

　まず，好き嫌いは理性の問題ではなく感情の問題ですから，「嫌いな人と上手につき合う」ためには，斉藤教授も指摘しているように「嫌いな人を嫌

わないことが一番大事」なのかもしれません。しかし，私たちは神でも仏でもない，感情を持った生身の人間ですから頭では理解できていても，このことを実践することは非常に難しいことです。では，どうしたらよいのでしょうか。私にもこれといった妙案は思い浮かびませんが，一例として私の実践したことを述べてみたいと思います。私は，前の職場でも今の職場でも「嫌いな人」が何人かいました。おそらく「私が嫌っていた人」も「私が嫌い」であっただろうと思います。心理的メカニズムから言えば，好き嫌いの感情には，相手の人の感情との間に強いバランス志向があり，相手の人と同じ感情状態でいようとする傾向が強く働く，ということですから，嫌悪に対しては嫌悪で返ってくる（＝嫌悪の報復性）ということになります。簡単に言えば，私が相手を嫌えば相手も私のことを嫌い，逆もまた真であるということです。

　私も相手も組織の一員ですから（上司－部下という関係においても，同僚という関係においても），組織の利益を損なう形での「人間関係」は避けなければなりません。そこで私は，嫌いな人とはできるだけ距離をおき，会わないよう，見えないようにしました。そうすることで，まず相手に対する嫌悪感を薄めようとしたのですが，「故意に避けている」という感情を相手に悟られないよう常に細心の注意をはらいました。逃避行動は自分にとってマイナスの目標に対してとる行動様式ですから，このことに相手が気がつけば憎悪感情が増長されることは眼に見えていたからです。

　それから，次に私は，コミュニケーションをとる場合には，何事においても相手の自尊心を損なわないよう，プライドを傷つけないように対応するよう心がけました。特に仕事上の対応においては，短時間でフォーマルに対応する，報告・連絡・相談をしっかりする，冗談や皮肉は言わない，などです。また，仕事以外の話をする場合には，日常接触している相手ですから，できるかぎり意見が一致する話題を選んで，不快感を抱かせたり意見が対立するような話題は極力避け，相手の意見や主張には十分に耳を傾け，評価すべき点は評価する（決して相手に迎合するというわけではありません）というこ

とを心がけました。心理学では類似性はプラスの感情を引き起こし（＝心理的報酬），相違性はマイナスの感情を引き起こす（＝心理的罰）と言われています。それは自分と同じものや似たことを相手の人に見つけると，それが自己是認，自己支持と感じられるからであり，逆に，自分と違っている点を見ると，自己否定，批判と感じとれるからです（斉藤勇『前掲書』）。

　私が，「嫌いな人」とつき合う場合に特に心がけたことはこの2つです。このような対応の仕方がどれほどの効果をもたらしたのかよくわかりませんが，少なくとも「決定的に対立する」という最悪の事態は回避できましたので，一定の効果はあったのではないかと思っています。

　最初のところで述べましたように，茂太流の人間関係における「気くばり」は，「好意」という感情を前提にした「いい人間関係」づくりのテクニックなのですが，「嫌いな人」と上手につき合って「いい人間関係」をつくりあげていこうとする場合には，「好意」を前提とした「気くばり」をすることは非常に難しいことだと思います。しかし，嫌悪感をぬぐう努力をすることによって（このことは，決して無条件に相手を「好きになる」ように努力するということを意味しているのではありません）「嫌いな人」との間に「好意」を前提にした「いい人間関係」とは別の次元での「いい人間関係」をつくりあげていくことは可能でしょうし，また，そのために必要な「気くばり」の仕方もあると思います。

　完全無欠な人間も存在しなければ，また欠点だらけの人間も存在しない，つまり，自分も相手もそれぞれ長所短所を持った人間なのですから，鈴木健二氏が『気くばりのすすめ』（講談社）の中で述べているように，自分の長所，短所を見きわめ，無理のない自然な振舞いの中から人間関係をつくっていくことも肝要だと思います。「嫌いな人」であっても「人間を理解しようとする心」（これは必ずしも「好意」と符合するものではありません）を前提とした「気くばり」によっても「いい人間関係」が形成されるのではないでしょうか。ただ，「人間を理解しようとする心」をどのように，どの程度まで内面化していけるかによって，「いい人間関係」のプロセスもその中身

も異なってくると思います。

　人間関係にその人の生きる姿勢や性格が反映されます。私たちのこれからの人生も人とのつき合い方で大きく変わります。お互いちょっとした「気くばり」をすることによって，「いい人間関係」をつくりあげ，好意的人間関係のネットワークの網の目の中で，自分を生かしながら心地よく生きたいものです。

5．「縁」について

　T．I君，Y．I君，H．T君，Y．H君，それにS．Iさん御卒業おめでとうございます。本来ならば，クラス担任として（もし私がもう1年長く在職していたら，おそらくクラス担任をしていたであろうという意味で），卒業式に一人ひとり呼名できたかもしれないのですが，それが果たせず，いささか複雑な気持ちです。

　私は，都合18年間，定時制高校の教師として生きてきました。この在職年数は，皆さんがこの世に生きてきた年月とほぼ一致します。そのうちの12年間を本校で過ごし，その間8回クラス担任をし，その締めくくりが皆さんのクラスでした。たった1年間という短い期間でしたけれども，縁があってクラス担任となり，貴重な体験をさせてもらいました。特に，昨年の3月24日には，本校が新しい教育制度（単位制）を導入して，初めて3年間の就学で卒業生を送り出したことも，クラス担任として大きな喜びのひとつでした。今年は，S．Iさんが彼女の後に続いてくれました。大検と通信制と定時制の併修で，卒業に必要な単位を修得するという新しいスタイルが，現実のものとして実を結んだことに，長年定時制教育に携わってきた者として感慨深いものがあります。今後もC．OさんやS．Iさんに続いてくれる人が出ることを期待しています。

　さて，私事で恐縮ですが，私は，昨年4月から新しい職場で，フレッシュな気持ちで仕事をしています。私が所属しているのは，滋賀県立大学人間文化学部生活文化学科人間関係コースというところなのですが，このコースは，

現在10人のスタッフ（教授4人，助教授2人，講師4人）で構成されています。そして，毎月コース会議を開いて，人間の生涯をテーマに心理・教育・社会などと人間の関わりについて，また，人間と人間が生み出す関係や社会などの複合体を観察し，社会文化のあり方について教育研究するための方向づけを模索しています。特に，「人間関係とは何か」といったことを，＜コミュニケーション＞をキーワードとして心理学，教育学，社会学の視点から多角的かつ立体的に把握・理解していこうとしているわけです。

　人間は，一生の間に，必然的にであれ偶然的にであれ，数えきれないほど多くの他者と出会い，関係しあいます。そこに「社会」や「組織」が形成され，それが維持されて存続していったり，あるいはある段階で消滅していったりするわけですが，私と皆さんとは学校という社会，クラスという組織集団の一員としてめぐり合い，「教師と生徒」「クラス担任と生徒」，あるいは，もっと根元的には「人間と人間」として関係しあったことになります。

　一般に，人間関係の編成原理には，理念型として3つのカテゴリーが考えられます。血のつながりを前提として結ばれた「血縁」，土のつながりを通して結ばれた「地縁」，そして，人為的な組織を契機として結ばれた「社縁」（結社縁）です。社縁とは人類学者の米山俊直氏が名づけたものですが，現在では血縁・地縁以外のありとあらゆる人間関係を包摂する概念として使われています。学校も企業も社縁社会なのです。

　私たちは誰しも，日常生活において，血縁・地縁・社縁に組み込まれているさまざまな集団や組織に重層的に所属しながら，それぞれに一定の地位と役割を与えられて（個人がもつ複数の地位を地位群 status set と言い，個人がもつ複数の役割を役割群 role set と言います），定型化された役割期待（role expectation）に沿って行動していますし，また，そうすることを求められてもいます（これを役割遂行 role enactment と言います）。皆さんのような勤労生徒を例にとってみますと，皆さんは少なくとも家庭，地域社会，学校，企業といった社会集団や組織に共時的に所属していることになります。もっとも人によっては，その他に遊び仲間や趣味を同じくする仲間といった

仲間集団など，いくつかの集団や組織に所属していると思います。いずれにしても，皆さんはそれぞれの集団や組織で一定の地位と役割が与えられて，その集団や組織にふさわしい行動様式をたくみに演じ分ける必要に，たえず迫られているわけです。家庭においては「子ども」として，地域社会においては「住民」として，学校においては「生徒」として，そして企業においては「社員」として，というように。このように見ていきますと，「私たちの人間関係には，あたかも"縁"という見えないクモのいとが，縦横に張り巡らされているようである」(井上忠司「社縁の人間関係」栗田靖之編『日本人の人間関係』ドメス出版) と言えそうですが，どうでしょうか。

そこで，少しこの「縁」について考えてみたいと思います。「縁」という語を『広辞苑』(第4版，新村出編，岩波書店) で調べてみますと，「①へり。ふち。②家の外側に添えた細長い板敷。③人と人，または人と物事とを結び付ける，不思議な力。④ゆかり。つづきあい。えにし。関係。⑤人と人とのつづきあい。婚姻の関係。⑥原因を助けて結果を生じさせる作用。直接的原因 (因) に対して間接的条件。」とあります。また，『新和英大辞典』(第4版，増田鋼主幹，研究社) には，[関係] a relation; a connection; affinity; [きずな] ties; bond; [血縁] blood relation; [宿縁] fate; destiny; karma relation; [偶然] chance; [結婚] marriage; conjugal relations とあります。「縁」という語は，宗教的なものを含めて，実に多様な意味内容を持っています。

「縁」に関係のある故事・ことわざもたくさんあります。『成語林』(尾上兼英監修，旺文社) からいくつか取り上げてみましょう。よく知られていることわざに「袖すり合うも多生の縁」，あるいは「袖振り合うも多生の縁」(God is still in heaven) というのがあります。これは，「見知らぬ人とたまたま道で袖をすり合わせるというのも，前世からの深い因縁によるものであるということ」であり，また「人と人との関係は単なる偶然によって生ずるわけではないので，大切にしなくてはならないという仏教的な考え方」です。これによく似たことわざに，「袖の振り合わせも五百生の機縁」(この世の人

間関係は何事も前世からの因縁によるということ）がありますし，また他に，「縁に連るれば唐の物を食う」（縁があると遠国の唐のものを食べることもあるという意から，何かの因縁で，思いもかけぬ疎遠なものとのつながりができるということ），「縁は異なもの味なもの」（Marriages are made in heaven. 男女の縁はどこでどう結びつくかわからない不思議なものであり，また実に微妙な結び付き方をするものであるということ）といったものもあります。

　これらのことわざは，いずれも因縁によって人間関係が形成されることを言っているわけですが，因縁とは，「ものごとが起るためにはたらくと考えられる，直接間接の，すべての原因」とか，「前から定まっていると考えられる運命」（金田一京助編『三省堂国語辞典』三省堂）という意味ですから，これらのことわざに見られる人間関係は，単に偶然性によって形成されたものではなく，前世（あの世）とのコミュニケーションを前提にした何らかの必然性が作用することによって形成されるものだ，ということになります。

　しかし，あの世とのコミュニケーションを全く視野の外において，この世での人間関係を考えた場合には，このような因縁（宿縁）による人間関係の形成は，一般的にはそれを科学的には証明できないとの理由で，推論の域を出ない単なる憶測にすぎないものと見なされてしまいます（私自身は，因縁によって人間関係が形成されることもありうるとの宗教的な考えを持っていますが，それが「科学的」に証明されうるかどうかはわかりません。現時点における科学水準では解明できないけれども，いずれ科学水準がレベルアップすれば「科学的」に解明されうるのか，そうではなくて，科学水準がレベルアップしても「科学的」に解明することが不可能なのか，今の私にはわかりません）。その結果，血縁・地縁原理による人間関係は，ある種の必然性によって形成されるけれども，他人との関係＝社縁関係は，偶然によって形成されていくと理解されます。例えば，社会学者の加藤秀俊氏は，一例として夫婦関係を取り上げて次のように述べています。「夫婦は，それが見合い結婚によるものであれ，恋愛結婚によるものであれ，偶然によって結ばれた

ものだ。恋愛や結婚相手を絶対化するのは，それぞれ当人の勝手だが，客観的にいえば，一人の男と一人の女のめぐり会いは，偶然以外のなにものでもない。……。……。英語でアクシデントというのは『事故』を意味し同時に『偶然』を意味する。夫婦というのは，まさしくアクシデントの産物なのではないか」（『人間関係―理解と誤解―』中央公論社）。皆さんは，このような考え方をどのように受けとめますか。

　前にも述べましたが，卒業される皆さんと私とは学校という社縁の中で関わりを持ちました。それは単に偶然的なものであったというよりも，宿縁的なものであったのではないかと思っています。「何かの御縁」で皆さんと出会い，「教師―生徒関係」をとり結ぶことになり，そして，そのことが私という人間にとって，総じてプラスの方向に結果したと思っています。教育者としての在り方だけでなく，人間としてどう在るべきなのかといったことを，ホンネの「つきあい」を通して教えてもらったように思います。このことは，私が過去18年間の定時制教育で出会い，関わりあった人びとについても言えることです。本当に感謝しています。ありがとう。この「縁」を大切にしていきたいと思います。

　最後に，今は亡き比叡山第253世天台座主山田恵諦氏の言葉を記して筆を置きます。

　　一隅を照らすという意味は，いわゆる世の中の一つの隅っこの，日の当たりにくい暗いところを照らし出すというようなことではありません。
　　もちろん，ロウソクや懐中電灯やらで照らすということではない。
　　一隅は，片隅ではなくて「居るところ」という意味です。
　　ですから，その場において必要な光を，自らが発するようになれというのが一隅を照らすという本当の意味になる。
　　つまりその場，その状況において役立つ人間，欠くことのできない人間であれということになります。
　　　　　　　　　　　　　　　　　　（山田恵諦『一隅を照らす』大和書房）

■索引

あ

アイデンティティ　69,70,71,174,179
アウトサイダー　41,146
浅田彰　181
遊び志向文化　68
いざなぎ景気　172
磯村英一　132
一次元的な情報の授受　64
一様序列性　81,82
逸脱行動　42,52
逸脱文化　41
井上忠司　191
W.リップマン　124
映像メディア　64,118
E.H.エリクソン　174
小此木啓吾　71,82,175
おとなの文化　75
音メディア　118

か

階層構造　38
ガイダンスカウンセラー　103
下位文化　70,80
外面的文化　138
カウンセラー　160
画一文化　111
学習指導要領　15,18,41,101,159,175
学力偏重主義　104
学歴社会　49,50,76,101,144,146,148,166
学歴主義　145,146,148,169
学歴信仰　166
学歴の人並み志向　154,155

価値意識　53
価値一貫性の論理　164,166
価値基準　43,68,177
価値形成　39
価値志向　39
価値体系　51,68
学校格差　39
学校教育不適応生徒　55,62,80,155,159
学校教育法　2,75
学校行事　65
学校謹慎　21,27,37
学校の序列化　39,169
学校不信　14,34,35,42
学校文化　40,41
学校歴主義　145,148,169
活字メディア　64,118
家庭謹慎　21
加藤隆勝　53
加藤秀俊　178,192
カリキュラム　16,18,41,101,104,170
K.マルクス　111
河合隼雄　79
河盛好蔵　178,185
感覚的論理主義の人間　64
感覚人間　64,173
関係の構造　19,41,43
管理主義　88,104
管理統制システム　41
企業内高校　152
基礎学力　92,112,113
帰属意識　71,170
貴族主義　145
きっかけ要因　75
規範意識　110

逆差別　121,123
逆差別意識　121,122
客観的環境　124
教育基本法　75
教育行政　71,77,78,132,143,144
教育権　143,146,164,170
教育政策　131,132
教育的弱者　143,147,148
教育的知識　41
教育の機会均等　2,75-78,82,144,148
教育の荒廃　46,48,49,78,80,81,104
境界人　54
教科外活動　12,19,56,65,66,94
教科活動　12,19,56,66
教師－生徒関係　43,193
教師不信　14,34,35,42,75
教授法　62
行政指導　77
業績原理　145
業績主義　40,183
業績本位　144
郷土意識　135
競務価値観　46
拒否行動　186
謹慎処置　21,27,37
勤労観　73,96
勤労青少年　2-4,94,97,102,155,156,159,165
空間的共存　135
空間的共有　135
経験の共有　52,53
経験の断絶　52,53
経済復興期　181
ケイト・ムーディ　173

索引 —— 195

K.ボールディング 171	個の倫理 80	資本制的蓄積 18
結社縁 190	小林道雄 176	資本の原始的蓄積 120
権威主義的性格 117	コミュニケーション	志水宏吉 40
嫌悪の報復性 187	18,23,24,31,107,187,190	地元共同意識 135
言語教育 67	コミュニティ 132,192	社縁 178,190,191,193
言語疎外 67	困難校 39	社縁関係 192
現在主義的 69	今野敏彦 114	社縁社会 190
現実環境 124		社会階層 39
現代資本主義 107	**さ**	社会学的想像力 69
コア・エレメント 145	ザ・パブリック 107	社会環境 52
行為概念 114	斉藤勇 186	社会関係 176
高学歴志向 154,155	斎藤茂太 185	社会規範 60,87,132
高学歴社会 91,104,144,176	作田啓一 109	社会構造 51
後期中等教育	佐々木賢 86	社会集団 190
146,148,156,159,160,169	佐藤学 4	社会秩序 51
高級文化 111	差別意識 120,121	社会的慣習 115
公教育 41	差別観念 120	社会的効用 144
攻撃行動 186	差別政策 121	社会的差別 116
高校教育のユニバーサル化 153	差別の文化 138	社会的存在 60
高校全入時代 38	産業革命 171	社会的地位 40,144
高校のピラミッド構造 39	三ない運動 26	社会的認知 50,59,144
高校ピラミッド 166	視界ゼロ時代 82,175	社会同和教育 132
交際言語 67	資格社会 176	社会変革 52
講座制 104	滋賀県教育委員会 1,155	社会変動 51,88
公衆 107,108	滋賀県産業教育審議会 164	宗教起源説 119
公衆の時代 107	滋賀県定通教育研究会	自由主義 88
高度経済成長 53,143,172	56,89,166	終身雇用制 50
高度経済成長期 53,181	滋賀県同和教育研究会 130	集団エスケープ 20,58
高度経済成長時代 107	自我同一性 174	集団就職 155
高度産業社会	志願登録制度 1	集団主義的 186
52,98,110,144,168	自己イメージ 39,100	集団的規範 115
校内暴力 46,48	思考言語 67	集団暴走行為 27,33,34
校務分掌 13,27	自己顕示欲 68	周辺人 54
心のカウンセラー 105	自己成就的予言 133	宿縁 192,193
個人主義 102,105,182	自己の合理化 117	手段的価値 108
個人生活優位型 97	自己防衛機能 67	準拠集団 133
個人調査報告書 1	自主退学 34	生涯学習
個人的存在 60	資本主義的生産関係 120	102,103,160,162,163,165

生涯教育	157,159-161	精神分析学	71	態度概念	114
状況論的認識	77	成績至上主義	166	大量文化	110
上下足分離方式	32	成層化	100	高橋勇悦	71
象徴的学歴社会	101	成層性	40	武内清	68
情報化社会	52,96,98,171	生徒会活動	65,94	竹の子族	70
情報資源	24	生徒会行事	56,66	タコツボ型	134
J.K.ガルブレイス	82,175	生徒文化	68	多次元的な情報の授受	64
職業起源説	118,119	青年文化	111,174	脱工業社会	171
職業訓練校	28	世界人権宣言	126	「脱」文化	68,71,75,80,81
所属本位	144	世間的評価	40,50,51	脱文明	52
所属集団	115,133	世代の断絶	53,54	タテ社会	81
序列主義	88	利那的享楽主義	52,69,99	他人指向型	108,110,137,172
序列偏重社会	71	専願制	90	俵萌子	162
序列優先の社会	71,74,75	全参クラブ	19	単位互換	160
進学アスピレーション	39	専修学校	158,160,161	単位制高校	
新重商主義的	182	専修生	11,163		102,104,157-164,166
人種起源説	118,119	全人教育	50	団塊の世代	181
心情構造	121	全日制志向	94	単線型教育体系	
新人類	176	選別機能	39		104,164,166,168,169
心性	79,80	総合学科	38	地域文化	134,137
深層心理	62	創造的人間関係	178,179	地位群	190
新中間大衆	107,108	即時的価値	108	地位分化	40
新中間大衆の時代	107	属性原理	145	地縁	178,190,192
新任研修	14	組織の時代	172	地縁共同体原理	135
心理的ジャイロスコープ	109	組織風土	41	知識職業	105
心理的罰	188	祖先信仰	136	地方分権	105
心理的報酬	188			チャーター	40
スクーリング	102	**た**		C.W.ミルズ	69
スケープゴーツ	117	第一次集団	109	「中」意識	143
スケープゴーティング	117	退学処分	26,34	中央教育審議会	169
鈴木健二	178,185,188	大学入学資格検定試験		中間階級	111
ステレオタイプ	39,40,100		164,170,189	昼間固定制	152
生活周期	52	体系的社会化	79	昼間定時制	3
政治起源説	118	大衆	107,108	昼間二部制	3,152,155
精神医学	71	大衆社会	110,117,171	中間文化	111
精神生活時代	174	大衆の時代	107	昼夜二部制	512
精神的退行	177	大衆文化	110,117,132,137	「中流」意識	143
成人文化	68	対人行動	186	通過儀礼	176

通婚率	136	
通定併修	164	
罪文化	109	
都留重人	162	
停学処分	21	
低成長時代	155	
定通総合高校構想	165	
定通併修	164	
テクネトロス・エイジ	171	
D.リースマン	108,172	
テレビ人間	173	
テレビ文化	174	
転職率	96	
転身性	71	
伝統指向型	108,109,137	
伝統主義的	136	
陶淵明	184	
登校拒否	113	
同時出生集団	52,112	
逃避行動	186,187	
同和対策事業	121,130	
同和対策審議会答申	126	
トーマス・ローレン	39,99-101	
独占資本主義	120	
ドロップアウト	41	
ドロップアウト説	118,119	

な

内部指向型	108,109	
内面的文化	138	
中根千枝	71	
仲間意識	70	
仲間集団	31,70,115,119,133,191	
二学期制	103,104,170	
西平直喜	174	
日教組	161	
日本国憲法	75	

日本的序列性	81	
ニュー・ヤング	71	
入試歴社会	50,51,76	
入試歴病	50	
人間疎外	18	
人間的退廃	177	
ねたみ意識	121,122,130	
年齢コウホート	52-54,102	
能力主義	80,82,88,131,183	
能力主義的学歴主義	182	
能力レッテル	182	
ノン・コミットメント型	65,66	

は

パーソナル・コミュニケーション	118	
パートタイム感覚	86	
パートタイム・スクール	86,97	
パートタイム・スクール・カルチュア	87,97	
パターン認識	64	
パックス・アメリカーナ	181	
羽仁五郎	183	
場のことば	87	
場の倫理	80	
パブリックス	107	
濱島朗	51	
H.カーン	171	
林雄二郎	64,173	
パラノ型人間	181	
反学校文化	88	
反抗文化	70,71,75,80,81	
反社会的集団	70	
非行下位文化	68	
被差別	112,113,116	
被差別部落	121	
非社会的集団	70	
評価的定義	43	

評価配分システム	41	
平等主義	80,82	
平等信仰	81,82	
評判格差	50	
不確実性の時代	82,175	
複線型教育体系	168,169	
父権喪失	75	
不純異性交遊	27	
父性	79	
父性原理	80,82	
普通科志向	94	
不適応行動	56,66,68	
不本意就労	98	
不本意入学	14,42	
部落解放	136	
部落解放同盟	120	
プラグマティック	92	
フラストレーション	117	
プリント学習	16	
文化価値	108	
文化的規範	119,137	
文明後の社会	171	
平均的人間	172	
勉学志向文化	68	
偏見の文化	137	
防衛機制	117	
封建的生産関係	120	
ホームルーム	103,158,163	
補完関係	52	
補完の役割	94,155	
保守主義的	136	
補償機能	81	
ポスト・インダストリアル・ソサエティ	171	
母性	79	
母性原理	80,81	
母性原理優位の社会	80	
母性文化	80	

本質論的認識	77

ま

マージナル・マン	54,55
マイノリティ・グループ	143
マス・コミュニケーション	118
マス・メディア	108
松原治郎	53
松本治一郎	122
松山幸雄	101
学びの共同体	4
丸山真男	117,134
マンガ文化	174
ミニチュア文化	75
身分社会	109
無学年制	102,104
無期謹慎	21,27
無試験入学	104
村石昭三	67
村上泰亮	108
モーラル・フィロソフィー	138
モラトリアム	54,55
モラトリアム時代	183
モラトリアム人間	54,55,71,120,174

や

夜間中学	3,85
夜間定時制	3,10,20,152,155
八木晃介	121
役割期待	70,190
役割群	190
役割遂行	190
役割猶予の時期	54
野蛮文化	111
山科三郎	178
山田恵諦	193
養護教諭	11

幼児期	67,108,109
幼稚性	71
予期的社会化	40
抑圧移譲の原理	117
吉川英治	180
吉田和男	181
吉本二郎	157
米山俊直	190

ら

ラベリング理論	42
R.リントン	137
リカレント教育	156
臨教審答申	102,143
臨時教育審議会	143,156-158,166
臨床心理学	79
類似環境の環境化	124
R.C.リスト	41
劣等感コンプレックス	81,166
連想反応	53
労働基準法	18
R.ドーア	46,50,182
R.K.マートン	133
論理教育	65
論理的思考能力	173
論理的論理主義の人間	65
論理人間	65,175

わ

我妻洋	117
輪切り指導	155

著者略歴

大橋 松行（おおはし まつゆき）

1951年	滋賀県長浜市に生まれる
1976年	同志社大学法学部政治学科卒業
1978年	佛教大学大学院社会学研究科社会学専攻修士課程修了（社会学修士）
1982年	佛教大学大学院社会学研究科社会学・社会福祉学専攻博士後期課程単位取得満期退学
現　在	滋賀県立大学人間文化学部専任講師
専　攻	政治社会学，地域運動論，教育社会学

主要著書・訳書

『近代化の社会学』（共著，晃洋書房，1982年）
『社会学の現代的課題』（共著，法律文化社，1983年）
『人間社会に関する七つの理論』
　　（トム・キャンベル著，共訳，晃洋書房，1993年）
『生活者運動の社会学－市民参加への一里塚－』
　　（北樹出版，1997年）
『地域変動と政治文化の変容－滋賀県における事例研究－』
　　（サンライズ出版，2000年）

蛍雪の学び舎・癒しの学び舎 ─変わりゆく定時制高校─

2003年3月20日　初版第1刷発行

著　者	大橋　松行
発行者	岩根　順子
発行所	サンライズ出版
	滋賀県彦根市鳥居本655-1
	☎0749-22-0627　〒522-0004
印　刷	サンライズ印刷株式会社

©MATSUYUKI OHASHI　乱丁本・落丁本は小社にてお取り替えします。
ISBN4-88325-228-0 C1037　定価はカバーに表示しております。